監修者——加藤友康／五味文彦／鈴木淳／高埜利彦

［カバー表写真］
パリ講和会議の全権たち
（日本の全権代表は西園寺公望〈後列右から３人目〉）

［カバー裏写真］
西園寺公望の国葬
（1940〈昭和15〉年12月５日，国会議事堂前）

［扉写真］
西園寺公望
（1928〈昭和３〉年頃の写真）

日本史リブレット人090

西園寺公望

政党政治の元老

Nagai Kazu
永井 和

目次

最後の元老

東京三田《みた》の私邸で病気療養中であった元老《げんろう》松方正義《まつかたまさよし》▲は、一九二四(大正十三)年七月二日の午後七時半、大勢の子や孫が見守るなか、静かに息を引きとった。一八三五(天保《てんぽう》六)年鹿児島に生まれた松方は、この時満八九歳。本書の主人公である西園寺公望(一八四九～一九四〇)より一四歳ばかり年長であった。二年前の一九二二(大正十一)年二月には、長州《ちょうしゅう》(山口県)出身の元老山県有朋《やまがたありとも》▲が亡くなっており、今また松方がそのあとを追った。

松方の死により、大正天皇▲が即位した際に、いわゆる「至尊匡輔《しそんきょうほ》の勅語《ちょくご》」▲をあたえられて大正天皇の元老となった五人(山県・松方・井上馨《いのうえかおる》▲・大山巌《おおやまいわお》▲・桂《かつら》太郎《たろう》▲)に、遅れて類似の勅語を受けた西園寺と大隈重信《おおくましげのぶ》▲をあわせた七人のうち、

▼**松方正義**　一八三五～一九二四年。薩摩藩《さつまはん》出身の政治家。大蔵大臣として財政・金融制度の整備に貢献。一八九一(明治二十四)、九六(同二十九)年と二度にわたり組閣。元老、内《ない》大臣(一九一七～二二年)、公爵《こうしゃく》。

▼**山県有朋**　一八三八～一九二二年。長州藩出身の軍人、政治家。元帥《げんすい》陸軍大将。一八八九(明治二十二)、九九(同三十二)年と二度にわたり組閣。元老、枢密院《すうみついん》議長(一九〇九～二二年)、公爵。

▼**大正天皇**　一八七九～一九二六年。第百二十三代天皇(在位一九一二～二六年)。明治天皇の第三皇子、名は嘉仁《よしひと》。一九二一(大正十)年十一月以降、政務を摂政に譲り、病気療養に専念する。

これで六人が他界したことになり、残るは西園寺一人のみとなった。文字どおり「最後の元老」となったのだ。

これからさき、一九四〇(昭和十五)年に九二歳でその生涯を終えるまでの西園寺を、何か一言で表現するとすれば、やはりこの「最後の元老」がもっともふさわしい。何よりも西園寺その人が「最後の元老」たる自覚をもっており、山県と松方の死を見送ったのち、ただ一人の元老として皇室のために力をつくす覚悟を固めていたからである。

しかしながら、松方の死によって西園寺が「最後の元老」となることが自動的に定まったわけではない。なぜなら、死んだ人間を生き返らせるのは無理だが、元老をあらたに補充するのは、できないことではないからだ。西園寺その人がそれを証明しており、彼が元老になったのは、大正天皇の治世になってからであって、山県・松方とは違い、▲明治天皇の時代にはまだ元老ではなかった。

純手続き的にいえば、松方の死後、大正天皇(実質的には摂政《せっしょう》である皇太子裕仁《ひろひと》親王)が、しかるべき誰かにあらたに「至尊匡輔の勅語」をあたえれば、元老は再生産される。あるいは、▲昭和天皇の即位に際して、西園寺以外の誰かにも、

▼至尊匡輔の勅語　一九一二(大正元)年八月十三日に大正天皇が山県・大山・井上・松方・桂の五人にあたえた勅語の文中に、「卿《きょう》ノ匡輔ニ須《ま》ツモノ多シ」とあるので、こう呼ばれる。同年十二月二十一日に西園寺にあたえた勅語にも同じ言葉が含まれる。

▼井上馨　一八三五～一九一五年。長州藩出身。第一次伊藤博文《いとうひろぶみ》内閣の外相として条約改正交渉を担当、欧化政策を推進。農相、内相、蔵相などを歴任。元老、侯爵《こうしゃく》。

▼大山巌　一八四二～一九一六年。薩摩藩出身の軍人。元帥陸軍大将。陸相、参謀総長を歴任。元老、内大臣(一九一四～一六年)、公爵。

▼桂太郎　一八四七～一九一三年。長州藩出身の軍人、政治家。陸軍大将。日露《にちろ》戦争前後に三回内閣を組織する。元老、内大臣兼侍従長(一九一二年)、公爵。

▼大隈重信　一八三八〜一九二二年。佐賀藩出身の政治家。一八九八(明治三十一)年と一九一四(大正三)年の二度組閣。侯爵。大隈は大正天皇から勅語をあたえられたが、その内容は他の元老のものとは異なっており、元老としての役割をほとんど果たしていない。大隈を元老とみなすことはできない。

▼明治天皇　一八五二〜一九一二年。第百二十二代天皇(在位一八六七〜一九一二年)。孝明《こうめい》天皇の第二皇子、名は睦仁《むつひと》。明治天皇が指名した元老は、時期により異なるが、伊藤・黒田・山県・松方・井上・西郷・大山らであった。

▼昭和天皇　一九〇一〜八九年。第百二十四代天皇(在位一九二六〜八九年)。大正天皇の第一皇子、名は裕仁。一九二一(大正十)年にヨーロッパに旅行し、帰国後摂政に就任。

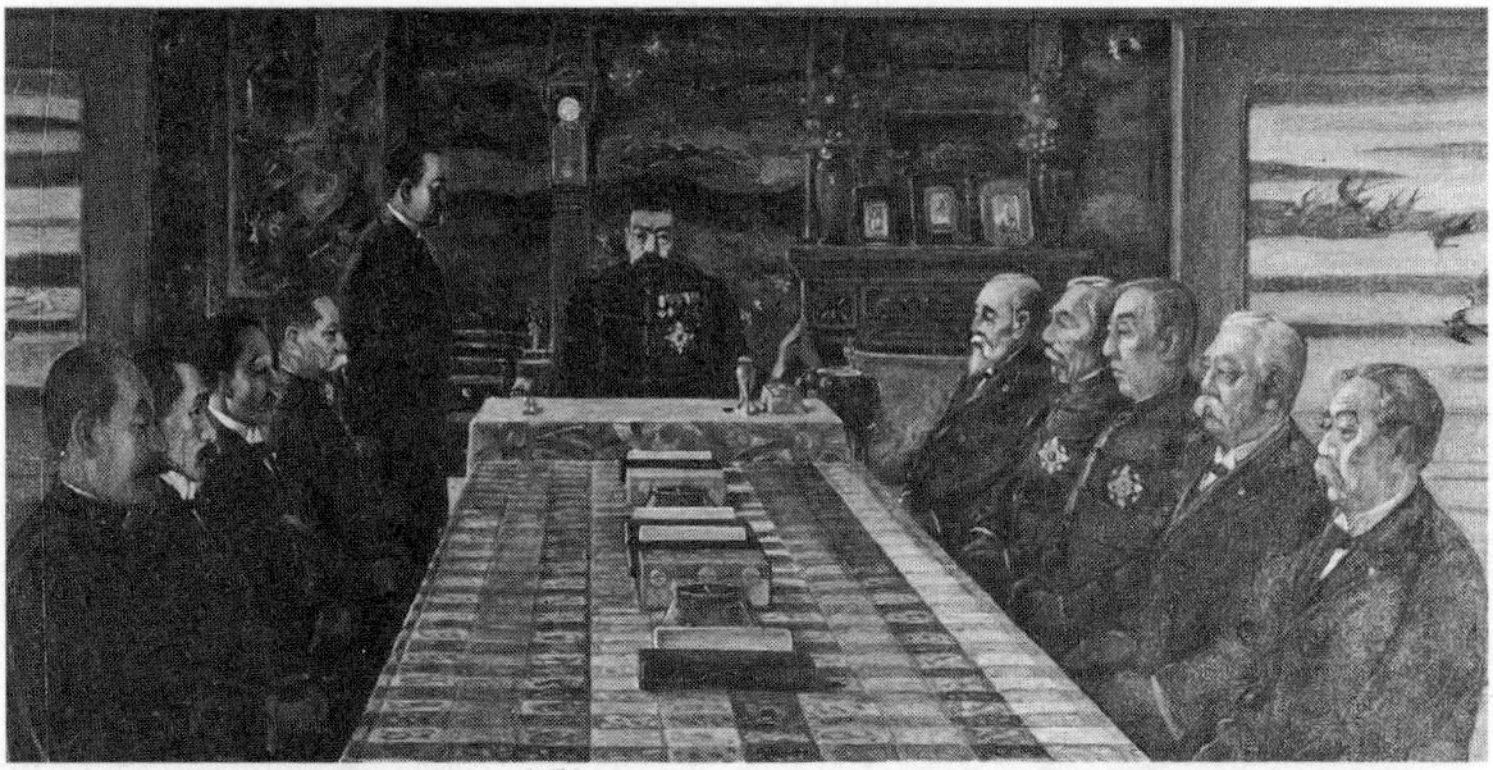

対露宣戦布告御前会議(吉田苞《しげる》画)　中央が明治天皇，右列が元老。右列奥から，伊藤博文・山県有朋・大山巌・松方正義・井上馨。

裕仁親王と久邇宮良子女王《くにのみやながこ》

大正天皇

彼にあたえたのと同様な文面の「勅語▲」を授けさえすれば、それでよかった。

しかし実際には、昭和天皇が勅語をあたえたのは、西園寺一人だけだった。つまり、元老の再生産は意識的に見送られ、西園寺を最後に、元老はこれを自然消滅にまかせるとの選択がなされた。西園寺が「最後の元老」となるのを決定づけたのは、昭和天皇即位時の選択であった。

本書では、西園寺の生涯を概観することはしない。そのかわり、もっぱらこの問題、すなわち「山県・松方の死後、なぜ元老の補充がなされなかったのか」という問題を解き明かすことに集中する。時間的にいえば一〇年たらずの時期しか扱わない。西園寺の長い長い一生から見れば、それはごくわずかな時期にすぎない。にもかかわらず、なぜそうするかといえば、この問題が、明治憲法下の日本において政党政治あるいは政党内閣制が一つの政治制度として出現しえたのは、なぜなのかという問題と密接につながっているからである。

▼**勅語**　一九二六(昭和元)年十二月二十八日に昭和天皇が西園寺にあたえた勅語(写真参照)。「朕《ちん》カ躬《み》ヲ匡輔シ、朕カ事ヲ弼成《ひっせい》セヨ」の文字が含まれる。

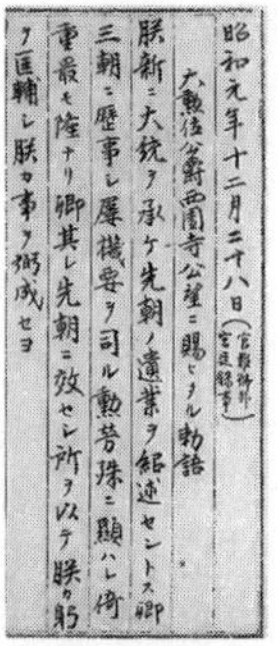
昭和元年十二月二十八日（官報号外宮廷録事）
大勲位公爵西園寺公望ニ賜ヒタル勅語
朕新ニ大統ヲ承ケ先朝ノ遺業ヲ紹述セントス卿
三朝ニ歴事シ屢機要ヲ司ル勲労殊ニ顕ハレ倚
重最モ隆ナリ卿其レ先朝ニ效セシ所ヲ以テ朕カ躬
ヲ匡輔シ朕カ事ヲ弼成セヨ

「大勲位公爵西園寺公望ニ賜ヒタル勅語」

山県有朋

大山巌

松方正義

桂太郎

井上馨

西園寺公望

①——元老の役割

元老の奏薦機能

元老《げんろう》の数が減少するにつれて、その補充・再生産は、遅かれ早かれ問題とならざるをえない。元老が、引退した国家の功労者にあたえられる単なる栄誉称号ではなくて、きわめて重要な役割を現実政治において果たしていたからだ。

元老は、天皇みずからが指名した天皇の最高顧問だから、国家および皇室の重大事に関して天皇の諮問《しもん》があれば、なんであれ、それに答えなければならない。その意味では、元老の守備範囲は国家統治のすべての領域にわたっているといえるが、実際には元老が恒常的に関与し、かつ元老だけにあたえられた権限というものが慣例的に定まっていた。そのなかでもっとも重要なのは、内閣総理大臣の人事について天皇の諮問に答え、その候補者を天皇に推薦する役割である。

現在の日本国憲法では、憲法そのもののなかに総理大臣の任命方法が明記されている。まず、その第六条に「天皇は、国会の指名に基いて、内閣総理大臣を任命する」とある。憲法上、総理大臣を任命するのは天皇だが、天皇は好き勝手に候補者を選べるわけではなく、国会が指名した人物のみに限られる。国会での指名方法は第六十七条に書かれており、衆議院と参議院において各議員が指名投票を行い、国会議員(慣例によれば衆議院議員)のなかから候補者を選出する。もしも、衆議院と参議院の投票の結果が異なる時は、両院が協議し、最終的には衆議院が選んだ候補者が優先される。つまり、憲法の定めに従えば、総理大臣の候補者を選ぶのは国会であり、その国会の議員は国民が選挙で選んでいる。つまり、間接的にではあるが、国民が総理大臣候補者を選んでいることになる。

しかし、明治憲法には総理大臣の任命の方法が記されていない。それどころか、明治憲法には「内閣総理大臣」という言葉すら登場しない。明治憲法第十条には「天皇ハ……文武官ヲ任免ス」とあるので、文官職の一つである総理大臣も天皇によって任命されるわけだが、その候補者の選定方法は憲法のどこにも書かれていない。憲法だけでなく、内閣の組織と総理大臣の権限を定めた内閣官《ないかくかん》制《せい》▲という法令にも、総理大臣候補者の選定方法は定められていない。

▼**内閣官制**　一八八九(明治二十二)年制定の勅令《ちょくれい》。日本国憲法下の内閣法にあたる。内閣の組織と総理大臣の権限のほか、法令の副署、閣議付議事項、大臣の臨時代理などを定めている。

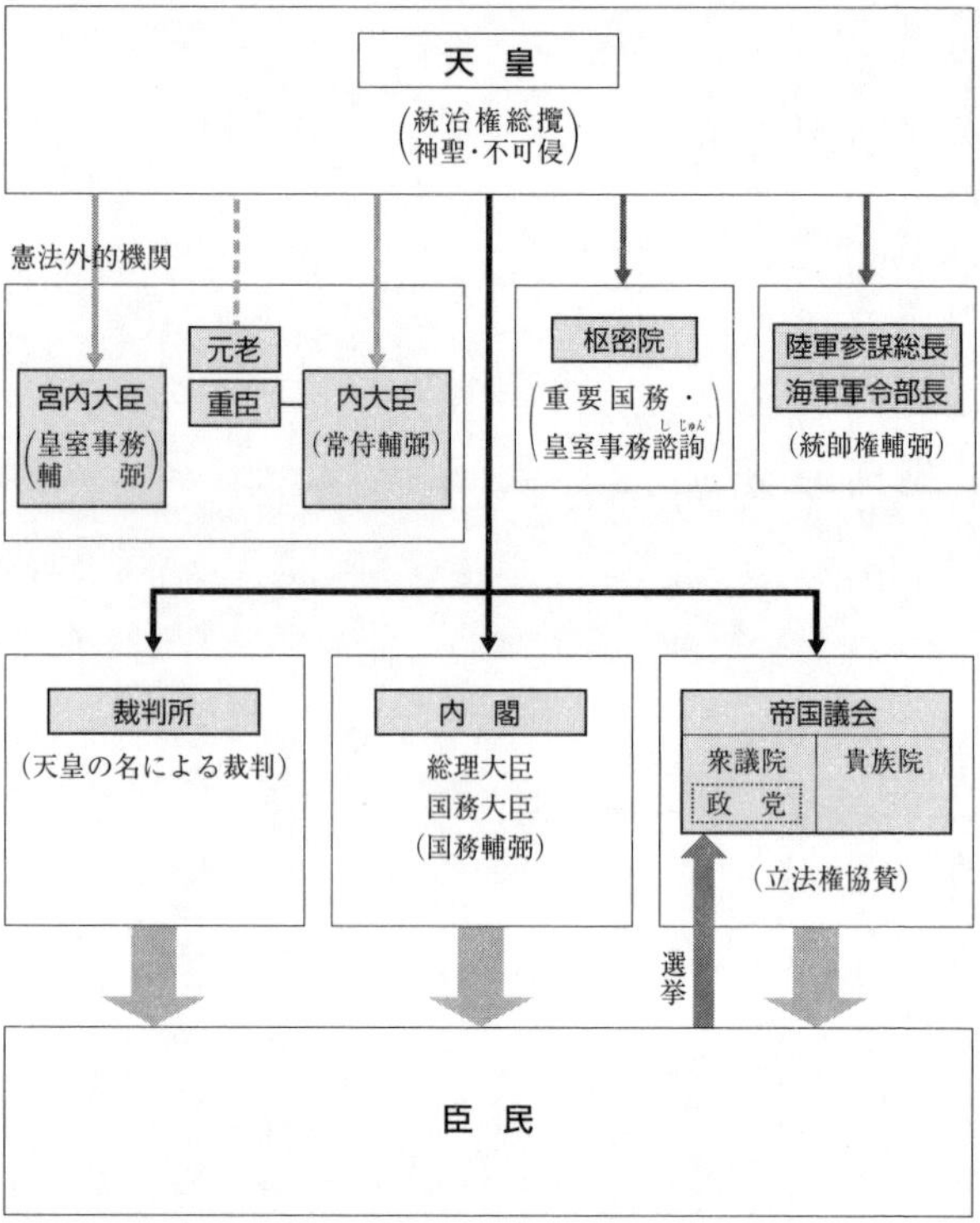

明治憲法下の組織図（大正時代後半）

元老一覧

氏名	出身	勅諚〜死亡	備考
伊藤博文	長州藩	1889〜1909	首相，公爵
黒田清隆	薩摩藩	1889〜1900	首相，伯爵
山県有朋	長州藩	1891〜1922	首相，公爵
松方正義	薩摩藩	1898〜1924	首相，公爵
井上馨	長州藩	1904〜1915	蔵相・外相，侯爵
西郷従道	薩摩藩	？〜1902	海相，侯爵
大山巌	薩摩藩	1912〜1916	陸相，公爵
桂太郎	長州藩	1911〜1913	首相，公爵
西園寺公望	公家	1912〜1940	首相，公爵

それでは、実際にはどのようにして総理大臣は任命されたのだろうか。内閣制度ができてからしばらくは、天皇に辞表を提出した前任の総理大臣が後継者を推薦していたが、一八九〇年代の中頃から次のような方式が定着した。まず、総理大臣が辞表を提出すると、明治天皇は、自分が信頼する特定の長老政治家に、適当な人物を後継者として推薦するよう下問《かもん》する。それらの人物は協議を行って候補者を選定し、天皇に推薦する（天皇に推薦することを、以下奏薦《そうせん》という言葉であらわす）。それを受けた天皇は、その人物を呼びだして、総理大臣就任の可否を問い、その人物が受諾すれば、総理大臣に任命する（これを大命降下《たいめいこうか》と呼ぶ）。天皇から後継首相となることを命じられた人物は、他の国務大臣の候補者の選考を行い、閣僚名簿を作成して天皇に提出し、天皇がそれを承認することによって、内閣が成立するのである。

　天皇からとくに信頼され、その命によって後継首相候補の選考にあたった少数の政治家が「元老」と呼ばれる人びとであった。明治天皇の時代には、伊藤博文《いとうひろぶみ》▲・黒田清隆《くろだきよたか》▲・山県有朋《やまがたありとも》・松方正義《まつかたまさよし》・井上馨《いのうえかおる》・西郷従道《さいごうつぐみち》▲・大山巌《おおやまいわお》といった薩摩《さつま》（鹿児島県）と長州《ちょうしゅう》出身の元勲《げんくん》と呼ばれる政治家・軍人がそれに該当した。この

▼伊藤博文　一八四一〜一九〇九年。長州藩出身の政治家。初代内閣総理大臣、四回組閣する。明治天皇がもっとも信頼をよせた元老。立憲政友会《りっけんせいゆうかい》初代総裁、公爵。

▼黒田清隆　一八四〇〜一九〇〇年。薩摩藩出身の政治家、軍人。陸軍中将。開拓使《かいたくし》長官、参議《さんぎ》をへて、一八八七（明治二十）年に組閣。元老、伯爵《はくしゃく》。

▼西郷従道　一八四三〜一九〇二年。薩摩藩出身の軍人、政治家。陸軍中将、元帥《げんすい》海軍大将。西郷隆《たか》盛《もり》の実弟。陸軍卿《きょう》、海軍大臣を歴任。元老、侯爵。

方式すなわち複数の元老が後継首相候補の選考を行う「元老協議方式」は、大正天皇の治世になっても、しばらくは大きな変化なく受け継がれた。

元老の補充・再生産

このように、日本国憲法のもとでは国会が果たしている首相候補の選定という機能を、明治憲法のもとでは元老と呼ばれる特定の人物が担っていた。▲もちろん、明治憲法には元老について何も記されていないし、「元老」という言葉も出てこない。憲法以外の法令を見ても同様である。元老は国の法令によって規定されるような制度ではなく、もっぱら天皇の特別の信任と指名によってできあがった超法規的な制度だった。

仮に元老がすべていなくなったとしても、明治憲法に基づく天皇の統治大権行使の形態が変わらぬかぎり、このような仕事がなくなることはなく、誰かがこれを引き受けなければならない。つまり、元老の存廃問題とは、このような機能を一体誰が担うのかという問題と表裏一体であった。既存の元老がいずれも高齢であり、早晩死を迎えることが確実である以上、元老亡きあとその機能

▼**元老が担っていた機能**　元老は、内《ない》大臣、宮内《くない》大臣、枢密院《すうみついん》議長など総理大臣にならぶ最高官職の人事にも発言権を有していた。また、皇室の大事につき天皇の家政顧問として、皇室の相談相手となった。

▼**原敬**　一八五六〜一九二一年。盛岡藩《もりおかはん》出身の政治家。衆議院議員。西園寺内閣の内相をつとめ、第三代立憲政友会総裁。一九一八(大正七)年に組閣。一九二一(大正十)年在任中に暗殺される。

を誰が引き受けるべきなのか、あらたに元老を補充して制度を存続させるのか、それとも元老にかわるなんらかの機関に引き継がせるのか、早晩問題とならざるをえない。

その問題に関心をもっていた一人に原敬《はらたかし》▲がいた。原は、まだ元老山県が健在であった一九一五(大正四)年に、元老が死没したあと、誰が天皇の相談相手となって政権の移動の処理(すなわち後継首相候補の選考)をすることになるのか、と山県に質問した。山県は、その場合には西園寺などに頼むことになると答えた。原が山県に質問したこの時点で、西園寺は「違勅《いちょく》」問題▲でなおも謹慎中であり、元老としての活動をいまだ始めていなかった。自分の死後は、より若年の西園寺に元老の仕事をさせ、従来どおり元老制度を維持・継続するというのが、山県の考えであった。

ところで、もしも元老を再生産するのであれば、既存の元老がすべて死にたえてから、ある人物をあらたに元老にするよりも、元老がまだ健在のうちにその候補をつくっておくほうがより安全であろう。そのための具体的方法としては、元老が天皇(または摂政《せっしょう》▲)の許しをえて、元老の適当と考える人物を後継首

▼**「違勅」問題**　一九一三(大正二)年、第一次護憲運動が高まった時、大正天皇は内閣不信任案の撤回と内閣への協力を求める勅語を西園寺にあたえた。しかし、桂内閣は総辞職に追い込まれ、責任を感じた西園寺は政友会総裁を辞任し、京都に謹慎した。

▼**摂政**　一八八九(明治二十二)年の皇室典範《こうしつてんぱん》によれば、天皇が未成年もしくは長期間の病気などにより親しく政務をとることができなくなった場合、天皇の職務を代行する摂政をおくと定められていた。

原敬

相候補の選考作業に参加させればよい。なぜなら、天皇の下問に答えて後継首相候補者を奏薦することこそ、元老のもっとも重要な職責と考えられていたからだ。これが行われれば、その人物は、たとえその時点では天皇から「至尊《しそん》匡輔《きょうほ》の勅語《ちょくご》」をあたえられていなくても、実質的に元老に準ずる扱いを受けたとみなされ、さらにそれが恒例化し、協議参加の実績が積み重なれば、もはや事実上の元老ということになろう。あとは正式に天皇から元老として認定されるのを待つばかりである。

元老再生産の動きは、具体的には、内閣交代の際に元老以外にも誰か他の人物を後継首相候補選考の協議に加えるべきか否か、加えるとすれば誰がそれにふさわしいかという問題、すなわち当時の表現を用いれば「御下問範囲拡張問題」としてあらわれることになる。西園寺がほんとうに「最後の元老」となるか否かは、ひとえにこの「御下問範囲拡張問題」がどのように決着するかにかかっていた。もしも、元老以外にも御下問（天皇の下問）の範囲を拡張するとの結論が出されていれば、おそらく昭和天皇の即位にあたり、あらたな元老が指名されていたにちがいない。

②御下問範囲拡張問題

御下問範囲拡張問題の登場

元老《げんろう》、内《ない》大臣▲、宮内《くない》大臣▲など天皇・摂政《せっしょう》の側近のあいだで、「御下問《ごかもん》範囲拡張問題」なるものがはじめて登場するのは一九二四(大正十三)年二月末、ちょうど松方正義《まつかたまさよし》が最初の危篤状態に陥った時だった。この時、静岡県興津《おきつ》で療養中の松方を見舞った宮内大臣牧野伸顕《まきののぶあき》▲が、同じく興津に住む西園寺を訪問し、内閣交代の場合に天皇・摂政の御下問の範囲をどうするかを相談したのが最初である。牧野の相談の詳細は不明だが、元老以外の人物にも御下問範囲を拡張することについて西園寺の意向を尋ねたのだと推測される。西園寺がそれにどう答えたのかも明確でないが、内大臣の平田東助《ひらたとうすけ》▲に対しては、「御下問範囲拡張には不同意」との意向を示したことがわかっている。つまり、西園寺は元老の再生産につながる御下問範囲拡張には最初から反対だった。

牧野がこの話をもちだしたのは、山県有朋《やまがたありとも》すでに亡く、今また松方が瀕死《ひんし》の床にある状況を目の当りにして、二元老亡きあと、今後の後継首相候補の奏薦《そうせん》

▼**内大臣**　一八八五(明治十八)年の内閣制度創設時につくられた大臣職。天皇の側近に仕えて補佐し、天皇の印章の保管と詔書《しょうしょ》や勅《ちょく》語《ご》に関する事務を扱うことを職務とした。

▼**宮内大臣**　一八八五(明治十八)年の内閣制度創設時につくられた大臣職。皇室事務に関して天皇を補佐し、皇室の家政を管理した。内大臣とともに内閣には属さなかった。

▼**牧野伸顕**　一八六一〜一九四九年。大久保利通《おおくぼとしみち》の次男。西園寺内閣の閣僚。西園寺とともにパリ講和会議の全権代表。一九二一(大正十)年に宮内大臣、二五〜三五(同十四〜昭和十)年まで内大臣。伯爵。

▼**平田東助**　一七ページ参照。

はいかにすればよいか、宮内大臣として憂慮のあまり西園寺に相談してみたのだろうが、それにとどまらず、牧野には御下問範囲を拡張することによって、元老の予備軍をつくろうとする考えがあった。

原敬暗殺後の後継首相候補選考

牧野がなぜ御下問範囲拡張問題をこの時もちだしたのか、その真意と背景を理解するには、少しさかのぼって、一九二一(大正十)年十一月の原敬《はらたかし》首相の暗殺死と内閣総辞職および高橋是清《たかはしこれきよ》▲内閣の成立の時にまで立ち戻る必要がある。

三年前の一九一八(大正七)年に成立した原内閣は、原の政治的手腕により第一次世界大戦とシベリア出兵の後始末をつけ、安定的な政局運営を進めるのに成功していた。そこへ首相暗殺という突発的な事態が生じたのである。

ただ、天皇と皇室をめぐる領域においては、原の暗殺死の少し前から、大きな変化が水面下で生じていた。一つは、元老で枢密院《すうみついん》議長の山県が事実上の失脚に追い込まれたことである。山県は、結婚後に産まれる子に遺伝性の色覚異常が発現する恐れがあるとして、皇太子裕仁《ひろひと》親王と久邇宮良子《くにのみやながこ》女王▲(母方の祖父

久邇宮家系図

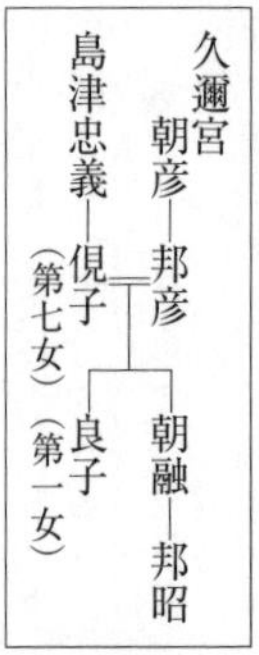

▼**高橋是清**　一八五四〜一九三六年。日露戦争時の外債募集に貢献。第一次山本内閣の蔵相。一九二一(大正十)年に組閣。第四代政友会総裁。一九三六(昭和十一)年、二・二六事件で暗殺される。

▼**久邇宮良子女王**　一九〇三〜二〇〇〇年。昭和天皇の皇后。追号は香淳《こうじゅん》皇后。久邇宮邦彦王長女。母は島津忠義七女俔子《ちかこ》。一九二〇(大正九)年に皇太子裕仁親王との婚約内定。一九二四(大正十三)年に結婚。

▼**久邇宮邦彦王**　一八七三〜一九二九年。皇族。軍人、陸軍大将。久邇宮朝彦《あさひこ》親王の第三王子。長女良子は、裕仁親王と結婚し、皇太子妃・皇后となる。

▼宮中某重大事件　元老山県と宮内省が裕仁親王と良子女王の婚約を辞退するよう、久邇宮邦彦王に迫ったが、反対運動に出会って失敗し、逆に山県が失脚に追い込まれた事件。

▼中村雄次郎　一八五二〜一九二九年。陸軍軍人、陸軍中将。陸軍退職後、製鉄所長官、南満洲《みなみまんしゅう》鉄道総裁、関東都督《かんとうととく》、貴族院議員を歴任。一九二〇(大正九)年に宮内大臣。男爵《だんしゃく》。

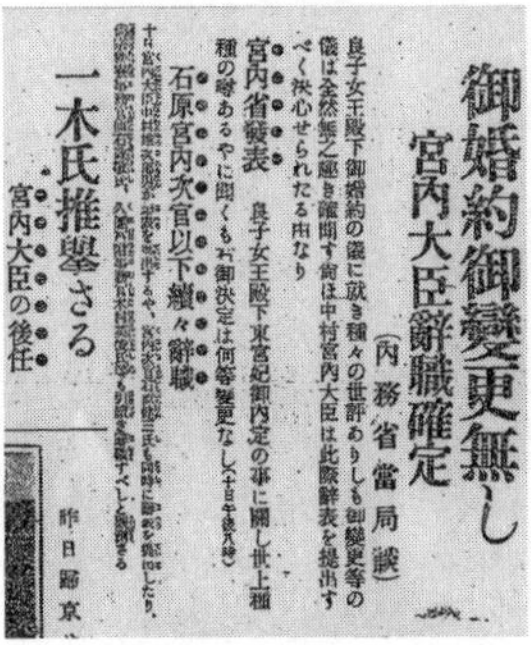
御婚約御變更無し
宮内大臣辭職確定
(内務省當局談)
良子女王殿下御婚約の儀に就き種々の世評ありしも御變更等の儀は全然無之趣き確聞す尚は中村宮内大臣は此際辭表を提出すべく決心せられたる由なり
宮内省發表　良子女王殿下東宮妃御内定の事に關し世上種々の噂あるやに聞くも右御決定は何等變更なし(十日午後八時)
石原宮内次官以下續々辭職
一木氏推擧さる
宮内大臣の後任

宮中某重大事件を伝える新聞(『東京朝日新聞』一九二一年二月十一日)

は旧薩摩藩主《さつまはんしゅ》の公爵《こうしゃく》島津《しまづ》忠義《ただよし》)の婚約を解消させようと、父親の久邇宮邦彦《くによし》王▲に婚約辞退を迫ったが、久邇宮家およびそれを支援するさまざまな勢力の反対に出会って失敗に終った(宮中某《きゅうちゅうぼう》重大事件▲)。その責任をとって、山県は枢密院議長の辞任と公爵の爵位《しゃくい》返上などを大正天皇に申し出た(一九二一年三月)。山県の申し出は却下されたが、この事件後、山県はほとんど神奈川県小田原《おだわら》の別邸に引き籠もったままとなり、元老としての発言力は大きく低下した。

また、山県に協力して婚約解消に努力していた宮内大臣中村雄次郎《なかむらゆうじろう》▲も辞任し、その後任に松方内大臣が推薦した牧野伸顕が就任した(一九二一年二月)。牧野は中村と違って、予定どおり皇太子の婚約を遂行させるつもりであった。宮中某重大事件を機に、宮中では松方・牧野の薩摩系勢力が主導権を握るようになったが、その松方・牧野が水面下で進めていたのが、摂政の設置であった。

大正天皇の病状は一九一九(大正八)年後半から急速に悪化しており、二〇(同九)年三月に第一回の病状発表が行われ、四月には公務制限の措置がとられた。一九二〇年末から翌年初めにかけて起こった皇太子の婚約問題をめぐるトラブルは、大正天皇が皇室の家長《かちょう》の役割を果たせない状態にあることを示していた。

清浦奎吾

▼清浦奎吾　一八五〇〜一九四二年。司法・警察官僚、政治家。司法相、農商務相を歴任。貴族院研究会の指導者となり、山県閥を支える。山県死後枢密院議長、一九二四（大正十三）年組閣。伯爵。

宮内大臣に就任した牧野は、宮中某重大事件の当面の後始末をすませると、三元老（山県・松方・西園寺）や原首相と協力しつつ、摂政設置の準備をひそかに開始した。宮内省の予定では、皇太子がヨーロッパ旅行から帰国したあと、一九二一年の十一月に摂政設置を実行するはずであった。その重大な節目を間近にひかえた十一月四日に、予想もしない原首相の暗殺死という突発的事件が起こったのだった。

十一月四日、原遭難の急報を受けた牧野は、ただちに皇居に参内し、ついで原の私邸へと急行し、そこで松方と内閣の今後の処置について相談した。翌五日、内大臣のオフィスに松方・牧野それに枢密院副議長の清浦奎吾《きようらけいご》▲が集まり、後継首相候補には西園寺が最適であるということで意見が一致し、小田原にいる山県のもとに清浦を派遣して、その意向を尋ねることになった。

山県の同意を確認した松方は六日に西園寺に会って、後継首相を引き受けるよう要請したが、西園寺は老齢を理由にそれを断わった。牧野も西園寺の説得にあたったが、西園寺は頑として聞き入れなかった。さらに松方がもう一度西園寺に話をしたが、こちらも成功しなかった。西園寺は山県の意見を聞くため

▼平田東助　一八四九〜一九二五年。米沢《よねざわ》藩出身の政治家。山県有朋の腹心として貴族院に勢力を築く。桂内閣で農商務相、内相を歴任。内大臣（一九二二〜二五年）、伯爵。

平田東助

高橋是清

に小田原に向けて出発し、松方と牧野は清浦を再度小田原に派遣して、山県からも西園寺を説得するよう依頼することにした。小田原で西園寺は、山県から内閣組織を勧められるが、やはり固辞して受けなかった。

山県は、腹心の平田東助▲（一九二二年十一月当時は貴族院議員・宮内省御用掛《ごようがかり》）に交渉を委任し、西園寺には平田と話をするよう依頼して別れた。東京に戻った西園寺は平田と交渉するが、逆に平田に組閣を勧め、いやがる平田から後継内閣は、原にかわって政友会《せいゆうかい》総裁となった高橋是清大蔵大臣にまかせるべしとの言質を引きだすことに成功した。一方、西園寺が内閣を引き受ける見込みのないことを悟った松方と牧野も、あとは高橋の政友会内閣でいくしかないと判断していた。結局、西園寺・松方が高橋奏薦で一致し、牧野・平田も異存なしということになったので、小田原の山県の意向を確認したところ、山県もこれに同意し、三元老の意見はまとまった。そこで十一月十二日に、西園寺が高橋を招き、後継首相となることを勧め、高橋は受諾した。翌十三日、高橋は宮中に召されて大命を受け、ついで親任式が行われたのであった。

さて、以上のような高橋是清奏薦の過程には、注目すべき点がある。枢密院

加藤友三郎

副議長の清浦と宮内大臣の牧野が松方の個人的な相談相手として、後継首相候補の選考に実質的に関与した点である。元老の個人的相談相手という資格ではあるが、枢密院副議長と宮内大臣が後継首相候補の選考にかかわるのは、今までにないことだった。原の暗殺という予想外の事件に、老齢の松方が自分の相談相手および小田原に引き籠もったままの山県との連絡役に、信頼できる人物を求めたとしても無理はないが、ここで清浦と牧野が選考に関与したことが、次の加藤友三郎《かとうともさぶろう》内閣の成立の際に松方と牧野がとった行動の伏線となるのである。

摂政政治の新例

一九二二(大正十一)年六月に高橋内閣は総辞職し、加藤友三郎▲内閣が成立した。裕仁親王が摂政になったのは前年の十一月であったから、この内閣交代は摂政政治が始まって最初の政変ということになる。同年六月六日に高橋是清が内閣総辞職を申し出ると、摂政は宮内大臣の牧野を召して、その処置を尋ねた。それに対して牧野は、元老に御下問の手続きをとられるようにと進言した。す

▼**加藤友三郎**　一八六一〜一九二三年。海軍軍人、政治家、元帥海軍大将。大正中期に海相を長くつとめる。ワシントン海軍軍縮会議全権。一九二二(大正十一)年に組閣。子爵。

▼**山本権兵衛**　一八五二〜一九三三年。薩摩藩出身の海軍軍人、政治家、海軍大将。明治中期に海相を長くつとめ、日本海軍の拡張・整備に貢献。大正期に二度組閣。伯爵。

山本権兵衛

でに述べたように、この時点で山県は死去しており、残る元老は内大臣松方と西園寺のみである。翌日摂政に拝謁《はいえつ》した松方は、清浦奎吾子爵《ししゃく》・山本権兵衛《やまもとごんべえ》▲伯《はく》爵《しゃく》らとも相談のうえ、後継首相の候補者をお答え申し上げますと述べた。山県のあとを受けて同年二月に枢密院議長に昇任していた清浦と元首相で海軍大将の山本を選考の協議に加える許可を、松方は摂政からえたのである。

これまでの慣例では、天皇の下問を受けて後継首相候補の選定を行うのは元老であり、元老以外の者に下問されることはなかった。この松方の申し出は、いずれも元老ではない枢密院議長と元首相を協議に加えることを提案した点で前例がなく、摂政政治の新例を開くものといえる。それまでも、個々の元老が自分の信頼する人物に非公式に意見を求め、参考としたことはあった。しかし、今回の松方の提案のねらいは、清浦と山本の二人を協議に参加させることについて、あらかじめ摂政から許可をえておくことにあり、それによって、間接的にではあれ、この二人（清浦と山本）にも御下問があたえられたとの実質をつくろうとしたのである。

さらに注目すべきは、松方のこの提案が、あらかじめ牧野と打合せ済みだった点である。二人は前日（六月六日）に協議し、高橋内閣の海軍大臣加藤友三郎を後継首相として奏薦する、加藤がだめならば、野党の憲政会に政権を移す（つまり、憲政会総裁加藤高明《かとうたかあき》▲を後継首相候補者とする）、さらに清浦と山本を後継首相候補選考の協議に加えるとの三点を決めていた。松方と牧野のねらいは、この二人、とくに同じ薩摩出身の山本の準元老化にあった。シーメンス事件▲で失脚した山本を復権させ、さらに松方亡きあと薩摩系の首領である山本を、ゆくゆくは元老とする布石をここで打とうとしたのである。

また、内大臣松方の求めによるとはいえ、このような重要な政治問題（後継首相候補の人選とその選考方法の決定）に宮内大臣である牧野が深くコミットしたことも注目すべきである。宮内大臣のこのような関与は「宮中・府中《ふちゅう》の別」▲を乱すとの非難を呼び起こす恐れがあるが、はじめての政変を経験する若き摂政を導くために、この頃の牧野は、清浦枢密院議長の協力をえて、老齢の内大臣松方の仕事の一部を肩代わりしていたのであった。

たとえば、高橋内閣が内閣改造問題▲で紛糾し、その総辞職が予想された一九二二年五月に、牧野は清浦枢密院議長に依頼して、現下の政治情勢を摂政に説

▼**加藤高明**　一八六〇～一九二六年。外交官、政治家。外相を三度つとめる。最初は伊藤・西園寺に近かったが、のち桂に接近し、桂の死後、立憲同志会総裁。護憲三派内閣の首相。

▼**シーメンス事件**　日本海軍の高官が、ドイツのジーメンス社（日本ではシーメンス社とも呼ぶ）やイギリスのヴィッカース社から収賄していた事件。一九一四（大正三）年に発覚、第一次山本内閣総辞職の原因となった。

▼**「宮中・府中の別」**　皇室にかかわる天皇大権の行使を、内閣には属さない宮内大臣の輔弼事項とした制度。逆に宮内大臣や内大臣は内閣の管掌事項には口出しできないとされた。

▼内閣改造問題　緊縮財政方針に転じようとした高橋首相が、積極主義維持の立場からそれに反対する中橋徳五郎《なかはしとくごろう》文相や元田肇《もとだはじめ》鉄相を内閣から排除しようとして失敗した事件。

加藤高明

明させている。さらに高橋が辞表提出の意志を牧野に通知した時、牧野は摂政に拝謁して、今日の閣議の成行きによっては、総理大臣が拝謁を願い出て、辞表を提出することになるかもしれませんが、その際にはこのように首相におおせられるようにと助言していた。高橋が実際に辞表を出すと、牧野は、元老に後継者の選考について御下問になるようにと摂政に進言し、摂政はそれを受け入れたのだった。

　就任後はじめて政変に際会した未経験の摂政に、どのように振舞えばよいのか、必要な助言をあたえるのは、本来ならば「常侍輔弼《じょうじほひつ》」を職責とする内大臣の仕事だが、内大臣松方は老齢で引籠もりがちだったため、宮内大臣と枢密院議長とが代行したのである。青年皇太子による摂政政治の開始にともない、内大臣の「常侍輔弼」の必要はより高まったが、老齢の元老が内大臣を兼任する方式では、内大臣がつねに側近にあって摂政に助言をあたえるのはできない相談であり、その役割は宮内大臣、枢密院議長さらには侍従長などによって適宜分担されざるをえなかった。

　一九二一（大正十）年十一月に高橋是清が後継首相に奏薦された時、表面的には従来どおりの「元老協議方式」で候補者が決定された。しかし、松方の非公式の相談相手という形で牧野・清浦が実質的に人選に関与しており、また山県も自己の代理人として平田東助を西園寺との交渉にあたらせた。翌年六月の加藤友三郎内閣の成立時には、松方内大臣が牧野を自分の相談相手として引続き内々に後継首相候補選定に関与させるとともに、牧野と清浦の支持のもと、高橋内閣成立時には非公式なままにとどまっていた元老以外の人物（枢密院議長清浦と元首相山本）を協議に参加させることについて摂政の承認をえた。

松方・牧野は、山県の死によって大きな穴が開いた「元老協議方式」にかえて、元老以外の「重臣」を協議に参加させる「元老・重臣協議方式」への転換をはかり、元老の再生産に備えようとした。若くて未経験な皇太子の摂政就任、山県と大隈の死、清浦の枢密院議長就任といった一連の変化により、その条件が整ったのである。

準元老を自任する清浦枢密院議長は、後継首相候補選考の協議に喜んで加わろうとしたが、山本は神奈川県葉山《はやま》の別荘に姿を隠して、協議に加わろうとはしなかった。そのため後継首相候補選定の協議は、清浦が松方の意（後継は加藤

▼**田健治郎**　一八五五〜一九三〇年。逓信官僚、政治家。衆議院議員（政友会）、貴族院勅撰《ちょくせん》議員。寺内正毅《てらうちまさたけ》内閣の逓相、台湾総督《そうとく》、第二次山本内閣の司法相兼農商務相。男爵。

田健治郎

友三郎、加藤が辞退すれば憲政会の加藤高明）を受けて、興津で病に臥せっていた西園寺と葉山の山本を個別に訪問し、その意向を尋ねる方式で進められた。山本は加藤友三郎をそれほど評価していなかったが、松方の意向に異を唱えなかった。西園寺も松方にすべてまかせると返答した。西園寺としては、すでに松方の意向が明らかになった以上、自身が病中のことでもあり、あえて異を唱えなかったのであろう。

　西園寺は政友会の内紛がおさまり、党内がまとまりさえすれば、政友会と山県系官僚との連立ないし政友会の閣外支持を受けた山県系官僚田健治郎《でんけんじろう》▲の内閣がよいと考えていた。その点で、松方・牧野・清浦とは異なる政権構想をいだいていた。松方・牧野の政権構想（後継は加藤友三郎、加藤が辞退すれば憲政会《けんせいかい》の加藤高明）は、四年間続いた政友会内閣を交代させて、海軍大将加藤友三郎を首相とする中間内閣にかえる、それがうまくいかない場合には、野党である憲政会に政権を移すというものであったが、この時点での西園寺は、政友会内閣と山県系官僚内閣による政権の交互担当という「情《じょう》意《い》投合《とうごう》」路線（いうなれば「二分の一政党政治」路線）をなお支持しており、政友会に対立する憲政会内閣の出現には反対であった。なお、成立した加藤友三郎内閣は、政友会を与党とする貴《き》族院《ぞくいん》内閣となったので、結果的には、政友会が政権から排除されることにはならなかった。

このように、加藤友三郎の奏薦は、その下問形式も含めて、松方・牧野の主導のもとに進められ、これに枢密院議長の清浦が協力した。山本と清浦を協議に加える許可を摂政にあおぐにあたって、松方・牧野が事前にもう一人の元老である西園寺に相談した形跡は認められない。

さらに、宮内省御用掛の平田東助が協議から完全に閉め出されたのも、西園寺には解せなかった。山県の忠実な子分として自他ともに許す平田は、直接天皇の下問にあずかりはしなかったが、原内閣や高橋内閣成立時には山県の代理として松方や西園寺と交渉しており、西園寺も高橋内閣が総辞職すれば、病気の自分にかわって松方や牧野と交渉するよう平田に依頼してもいた。西園寺は、摂政を立てるにあたって平田を補導役として摂政の助言者とし、内大臣の職責の一部を代行させる心積もりであったが、牧野が消極的だったために実現できなかった経緯もあった。西園寺としては、平田を加えることで、松方・牧野・

清浦に対して均衡を維持しようとしたのだと考えられる。

清浦や山本の名があがるのならば、平田も有力な候補たりうるが、山本は元首相であり、清浦は枢密院議長であるのに比べて、平田は首相の経験もなく、貴族院議員で宮内省御用掛にすぎないから後継首相候補の選定には関与させないほうがいいというのが、牧野の考えであった。「御下問範囲拡張」を枢密院議長と首相経験者（やめていく高橋を別にすれば、その時点で生存している首相経験者は松方・西園寺・山本の三人である）という憲法上の役職に限定することで、平田は意図的に協議からはずされたのだといえる。

松方・牧野の主導で開かれた新例が、もしもそのまま定着していれば、山本・清浦が昭和天皇即位の際に元老に指名される公算は大であった。ところが、松方・牧野の期待に反して、この新方式は定着せず、一回かぎりで終ったのである。

山本権兵衛の後継首相奏薦

翌一九二三（大正十二）年八月の加藤友三郎内閣の総辞職に際しては、摂政は善後措置をまず平田内大臣に尋ね（老齢の松方は二二〈同十一〉年九月に内大臣を退任し、後任には平田が任命された）、平田は元老に下問されるのがよろしいと助言した。松方と違って、平田は枢密院議長や首相経験者を協議に加える許可を摂政に求めなかった。これよりさき、内閣交代が迫っていると感じた牧野宮内大臣の求めに応じて、平田は同年八月二十五日に避暑先の栃木県那須《なす》から急遽帰京した。平田は牧野および珍田捨己《ちんだすてみ》▲東宮大夫《とうぐうだいぶ》▲と相談し、内閣総辞職の際に摂政がとるべき手続きについてあらかじめ摂政に進言することを決めた。その手続きとは、内閣からの辞表提出があれば、まず摂政は内大臣に下問し、内大臣は摂政に対して、松方・西園寺の両元老に下問されるようにと助言するというものであった。実際に加藤友三郎の死去により内閣が辞表を提出すると、摂政はその助言どおりに行動した。

　このことは、今回の政変では「元老協議方式」に戻すというのが平田の考えであり、牧野もそれに同意したことを意味する。また、平田と牧野のあいだでは、後継首相候補に誰がよいかは一切話題にされなかった。一方、徳川達孝《とくがわさとたか》▲侍従長から摂政の下問を伝達された西園寺は、松方と協議して山本権兵衛を推薦する

珍田捨己

▼**珍田捨己**　一八五七～一九二九年。外交官、政治家。駐独大使、駐米大使、駐英大使、パリ講和会議全権を歴任。裕仁親王の訪欧旅行に随行。帰国後東宮大夫、侍従長、伯爵。

▼**東宮大夫**　皇太子とその家族の家政をつかさどる東宮職の長官。

▼**徳川達孝**　一八六五～一九四一年。宮内官僚。兄家達《いえさと》が徳川宗《そう》家《け》を継承したために、田安《たやす》徳川家の家督を継ぐ。一九一四（大正三）年に侍従次長となり、二二（同十一）年に侍従長（～二七〈昭和二〉年）。伯爵。

徳川達孝

ことに決定し、さらに平田の意見も聞いたうえで、摂政にその結果を奉答《ほうとう》した。すなわち、今回の政変では下問を受けた元老(松方と西園寺)のみが協議して後継首相候補を選定し、内大臣(平田)にも異議のないことを確認したうえで、後継首相候補が奏薦されたのであり、山本・清浦の関与はなかったのである。

これが意図的な選択の結果であったことは、加藤内閣総辞職の一〇日も前に、内大臣平田が、摂政から後継首相候補の選定について御下問があった時には、元老に下問されるようにと申し上げるつもりであり、すべて西園寺の指図を受けるつもりであると、あらかじめ西園寺に伝えていたことや、山本を摂政に奏薦したあと、西園寺と平田のあいだで次のような問答が交わされたことから明らかであろう。西園寺は平田に、今回は枢密院議長(清浦)に御下問はなかったのかと尋ねたところ、平田は、前回の政変の際に枢密院議長が関与したのは、内大臣松方が摂政に、枢密院議長にも相談したいと申し上げ、摂政の許可をえたうえでのことであった。しかし今回の政変では、まず内大臣(平田)に摂政がいかに措置すべきかを御下問になったので、自分(平田)は両元老に御下問されるべしと返事し、その結果、枢密院議長の関与はなかった、と答えたのであった。

平田と西園寺のあいだには、今回は清浦や山本を排除して、後継首相候補の選考を進めるとの了解が事前に成立していたのだと思われる。少なくともこの時点では、山本や清浦を将来の元老候補とする計画に西園寺および平田が賛同することはなかった。

前々から西園寺は山本権兵衛の宮中入りに警戒的であり、一九二二年から二三年にかけて山本の枢密院議長就任に反対し、松方の後任の内大臣に山本を就任させようとする運動にも反対の意を示していた。松方の後任に平田を奏薦した時に、西園寺と牧野は事前に協議したが、平田が内大臣就任を固く辞退した時はどうしますか、後任に軍人はどうですかと、牧野が暗に山本権兵衛のことを打診すると、西園寺はわざととぼけて、牧野が推すのは元帥《げんすい》海軍大将の東郷《とうごう》平八郎《へいはちろう》▲のことであろうが、それは駄目だと思うと答えて、こちらも暗に山本の内大臣就任に反対したことがあった。

また清浦についても、高橋内閣が総辞職する前、牧野の依頼を受けて、近々政変が予想されるので、あらかじめご準備されたいとの牧野の予告を西園寺に

東郷平八郎

▼**東郷平八郎**　一八四八〜一九三四年。薩摩藩出身の海軍軍人、元帥海軍大将。日露戦争時、連合艦隊司令長官。海軍軍令部長、東宮御学問所《ごがくもんじょ》総裁を歴任。侯爵。

▼**伊東巳代治**　一八五七〜一九三四年。官僚、政治家。伊藤博文に見出され、明治憲法制定作業に参画。伊藤内閣の書記官長、農商務相を歴任。一八九九（明治三十二）年より枢密顧問官。伯爵。

▼**後藤新平**　一八五七〜一九二九年。医師、官僚、政治家。台湾総督府民政長官、満鉄《まんてつ》総裁、逓相、内相、外相を歴任。関東大震災後に内相兼帝都復興院総裁、伯爵。

▼**犬養毅**　一八五五〜一九三二年。政党政治家。一八九〇(明治二十三)年衆議院議員。一八回連続当選。国民党《こくみんとう》総裁、革新倶楽部代表、政友会総裁。一九三一(昭和六)年内閣総理大臣。五・一五事件で暗殺。

伊東巳代治

後藤新平

伝えに来た中村雄次郎前宮内大臣に対して西園寺は、枢密院議長の清浦が政治に関与することを厳しく非難し、自分の憂慮と不快感とを中村を通じて清浦に伝えようとした。しかし、中村が遠慮したために西園寺の警告は伝わらず、清浦は松方・牧野の要請に応じて、後継首相候補選定協議に加わったという経緯があった。

西園寺が清浦の関与をきらったのは、清浦が憲政会に好意的であったことも一因であったろう。さらに、山県の死後、清浦奎吾・伊東巳代治《いとうみよじ》▲・後藤新平《ごとうしんぺい》▲・犬養毅《いぬかいつよし》▲らが、政変の場合、枢密院に後継首相候補選定の諮問がくだされるよう企てているとの噂《うわさ》が西園寺の耳に入ったことも関係しているかもしれない。この噂を聞いた西園寺は、けしからんことだといきどおり、真偽のほどを調べるよう命じた。この動きを西園寺は「新元老をつくる」ものとみなしており、すでにこの一九二二年の時点で「御下問範囲拡張」には反対だったことがわかる。

しかし、山本権兵衛を後継首相に決定するにあたって、西園寺の果たした役割はきわめて大きかった。かつて山県から、元老としての行動にぜんぜんやる気がないと評されたこともあった西園寺だったが、この時ばかりはめずらしく

入江貫一

▼入江貫一　一八七九〜一九五五年。内務官僚から枢密院書記官に転じ、山県枢密院議長の秘書官。のち宮内省に入り、内蔵頭《くらのかみ》、帝室会計審査局長官。

迅速かつ行動的に事に処している。静岡県御殿場《ごてんば》に避暑中にもかかわらず、加藤友三郎死亡の報を聞くや、まだ宮中からの連絡も届かぬうちに、摂政に拝謁しようとして、その準備を始めた。平田内大臣の秘書官長の入江貫一《いりえかんいち》▲は、西園寺のこの行動を、平生の西園寺からすると異様に思えるほど行動的だと評している。西園寺がこれだけの行動力をみせたのは、おそらく第二次大隈内閣総辞職時（一九一六〈大正五〉年十月）に、神奈川県大磯《おおいそ》の別荘から茶道の宗匠に変装して、山県の住む小田原の古稀庵《こきあん》をひそかに訪ねた時以来のことだと思われる。

　摂政の下問の内容を徳川侍従長から聞いた西園寺は、ただちに鎌倉《かまくら》に住む松方を訪問し、山本を推すことに同意を求めた。西園寺がのちに語ったところによれば、松方はこれを聞いて「意外の感に打たれた」ようすだったという。摂政のいる葉山御用邸《ごようてい》で西園寺から意中の人（山本）を明かされた平田内大臣は、政友会・憲政会のいずれもが政権担当能力に欠ける現在、次期内閣はぜひとも挙国一致の中間内閣でなければならないと考える点では、西園寺と同意見だった。しかし、その中間内閣を率いる後継首相には、薩摩系の山本を考えていなかった。そのため、西園寺から熟慮のうえ山本が最適任だと思うと聞かされた

西園寺公望が愛用していたかやぶき屋根の別荘（一九八五〈昭和六十〉年頃、静岡県御殿場市新橋《にいはし》）

時、平田も松方と同様、予想外のことに感じた。しかし、すでに松方・西園寺の両元老の意見が山本で一致しているので、内大臣の平田としてはいまさら異議を唱えるわけにもいかず、山本案に同意した。

西園寺が山本を首相に推したのは、翌一九二四（大正十三）年に予定されている衆議院議員総選挙を実施し、あわせて財政・行政の整理を断行させるためだったが、山本の宮中入りに警戒的であった西園寺が、これほど熱心に山本を推したのは、前後矛盾しているように思える。しかし、山本復権を願う薩摩系の欲求をまったく無視するわけにはいかないとすれば、むしろ彼を現役の総理大臣にすることによって、当面はその元老化を封じることができるとの計算が働いていたのではないだろうか。

西園寺は、山本を選ぶにあたって、宮内大臣の牧野と内密に連絡をとっていた。八月十七日に御殿場で牧野と会見し、山本の近況を聞くとともに、加藤友三郎首相の病状からして近時に迫っている内閣交代に備えて、事前に意見交換を行ったのである。山本に大命降下した日、牧野は日記に、今回のことは西園寺公がとくに奮発されたと記したが、二人のあいだで山本起用について事前の了解があったのはまちがいない。牧野は八月十二日に、薩摩系の貴族院議員山《やま》之内一次《のうちかずじ》▲から山本擁立に協力を求められており、十四日に山之内から山本に出馬の意志があることを聞かされていた。その情報を伝えるために、牧野はわざわざ日帰りで御殿場まで西園寺に会いにいったのだった。

元老西園寺に直接山本を推薦するという方法で、今回も牧野は後継首相候補の選定に深く関与した。牧野のこの行動は、宮内大臣が「宮中と府中の別」を乱したとして宮内省内の反牧野派から非難されたが、ここで注意すべきは、御殿場での話合いの際に、西園寺が牧野に対して、もし今回摂政の御下問があった場合、すでに松方からは西園寺にまかせるといわれているので、改めて松方と相談することはせず、直に西園寺から摂政に候補者を奏薦し、そのあとに内大臣(平田)と枢密院議長(清浦)に知らせることにしたいと述べて、後継首相候補奏薦の方法についても、牧野に同意を求めた点であろう。

西園寺からこう切りだされては、牧野としては反対のしようがないが、元老のみで協議して後継首相候補を奏薦し、内大臣や枢密院議長には事後報告にとどめるというのが西園寺の提案の中味だから、もちろん後継首相候補の選考に

▼**山之内一次** 一八六六〜一九三二年。薩摩藩出身の内務官僚。第一次山本内閣内閣書記官長、第二次山本内閣鉄相。

枢密院議長や首相経験者を加える新方式(「元老・重臣協議方式」)は否定されるわけである。後継首相に山本を推す牧野にこのような発言をしたことから、西園寺の山本奏薦の裏には、山本復権に道を開くかわりに、松方・牧野の新方式をやめさせ、山本や清浦の元老化を防止する意図が働いていたと推測できる。あるいは、山本が総理大臣としてどの程度の手腕を発揮するかを見届けたうえで、元老の予備軍とするか、否かを決めようとしたのかもしれない。

西園寺が松方・牧野の始めた「元老・重臣協議方式」(＝御下問範囲拡張)に賛成ではなかったこと、老齢のため内大臣を辞職した松方の後任に、前回は締出しをくらった平田が西園寺の強い推挙で就任し、その平田も西園寺と同様の考えであったこと、さらに松方や牧野が準元老化を望んでいた当の山本本人が、西園寺と牧野の内密の交渉によって後継首相候補とされる予定であったこと、この三点が新方式を一度きりで終らせた原因だった。

「元老・内大臣協議方式」への転換

その後の清浦内閣(一九二四〈大正十三〉年一月)、第一次加藤高明内閣(同年六

虎ノ門事件(取り押さえられる難波大助)

▼虎ノ門事件　一九二三(大正十二)年十二月二十七日に東京の虎ノ門付近で摂政裕仁親王が無政府主義者難波《なんば》大助《だいすけ》により狙撃された事件。難波は大逆《たいぎゃく》罪で死刑判決。

月)成立の際も同様で、基本的には前内閣の辞表提出後、摂政がまず内大臣に処置方を問い、内大臣は両元老に下問されるべしとし、そのあと摂政から選考の命を受けた両元老の協議が行われ、両者のあいだで意見の一致をみたあと、元老がさらに内大臣の同意を確認したうえで、次期首相に適当な人物を摂政に奏薦する手続きがとられた。ただし、加藤高明奏薦の時には、老衰のため松方は協議には加われなかった。

　確認しておくと、虎ノ門《とらのもん》事件▲で山本内閣が一度目の辞表を提出した際には、まず平田内大臣に辞表の取扱いについて下問があり、平田は宮内大臣の牧野や枢密院議長清浦と相談のうえ、入江《いりえ》為守《ためもり》東宮侍従長を興津にいる松方・西園寺両元老のもとに派遣して、その意見を聞くことにした。両元老は、摂政は辞表を却下されるのがよいとの進言を行い、それに従って摂政は山本を慰留した。

　しかし、閣議を開いて検討したあと、山本はさらに辞表を提出したので、今度は平田内大臣自身が松方・西園寺のもとへ赴き、後継人事について直接協議した。平田は内心では、元帥陸軍大将上原勇作《うえはらゆうさく》▲を後継首相候補に考えていたようだが、軍人を首相とする内閣をきらう西園寺の反対は明らかだったので、上原の名を出さなかった。結局、後継首相は松方と西園寺がともに推す清浦に決まった。西園寺が清浦を推したのは、山本奏薦の場合と同様の理由(衆議院総選挙の実施、清浦の元老化の防止もしくは元老としてふさわしいかどうかの試験)があったと推測できる。

その清浦が、一九二四年五月の第一五回総選挙で護憲三派《ごけんさんぱ》▲が圧勝したあと、しばらくして辞表を出すと、摂政は平田内大臣に時局収拾の方法を下問し、平田は後継内閣組織につき元老に下問されるべしと進言した。西園寺の意見を聞くため、徳川侍従長が西園寺の住む京都に派遣され、もう一人の元老松方のもとへは平田みずからが赴いた。しかし、病臥中の松方にはもはや意見を述べる力はなく、平田は松方を見舞っただけで、強いてその考えを問うことはしなかった。だから、今回の後継首相候補の奏薦は、もっぱら西園寺が平田内大臣と連絡をとりつつ、単独で行ったことになる。

六月八日に徳川の訪問を受けた西園寺は、加藤高明憲政会総裁が後継首相に適任であると、摂政に申し上げるよう依頼した。さらに西園寺は、元老の松方は重い病気のため、摂政の今回の下問に答えることはできないだろうから、内

▼**上原勇作**　一八五六〜一九三三年。薩摩藩出身の陸軍軍人、元帥陸軍大将。第二次西園寺内閣の陸相。単独辞任して内閣を総辞職に追い込む。参謀総長。子爵。

▼**護憲三派**　清浦奎吾内閣に反対して第二次護憲運動を起こした憲政会・政友会・革新倶楽部の三政党をさす。一九二四(大正十三)年に三派連立の加藤高明内閣を組織した。

上原勇作

護憲三派の会談（右から犬養毅、加藤高明、高橋是清、三浦梧楼）

▼**「情意投合」路線**　日露戦争後、山県閥の桂太郎《かつらたろう》と政友会の西園寺公望が交互に政権を担当しあう「桂園時代」が続いた。この山県閥と政友会の提携路線を「情意投合」と呼ぶ。

大臣の平田にも御下問になるよう、徳川から摂政に申し上げてほしい、と付け加えた。徳川の報告を聞いた摂政は、さらに平田の意見を求めたうえで、加藤高明憲政会総裁に内閣組織の命をくだした。これにより、護憲三派内閣が成立した。

これよりさき、総選挙が護憲三派の勝利に終ったのを見届けると、政変が予想されるにもかかわらず、西園寺はにわかに京都に向けて出発した。心配した牧野宮内大臣が、内閣交代に備えてしきりに帰京をうながしても、それに応じなかった。西園寺が東京に帰るのをしぶったのは、西園寺が入京すれば、山本権兵衛の準元老化をねらう薩摩系が、山本にも御下問があるよう西園寺に迫るとの噂や、後藤新平・伊東巳代治などが護憲三派の連立内閣を阻止するために、中間内閣あるいは政友会と政友本党《ほんとう》と革新倶楽部《かくしんクラブ》の反憲政会三派連立内閣を策して西園寺に働きかけるとの噂などが耳に入ったためであった。

つまり、山本の準元老化を防ぐとともに、総選挙の結果、それまで西園寺が長年支持してきた「情意投合」路線▲（「二分の一政党政治」路線）を放棄する選択をせざるをえなくなった（すなわち西園寺がかつて総裁をつとめた政友会にとって長年の敵対政党であった憲政会の加藤高明を奏薦せざるをえなくなった)ので、予想される種々の雑音を避けたいと考えて、意図して京都に留まり続けたのである。

この加藤高明奏薦以降、元老の進言を受けた摂政ないし天皇は、改めて内大臣の意見をも問うのが慣例となる。この新方式を「元老・内大臣協議方式」と呼ぶことにするが、これが公式のものとなったのはこの時点からというべきであろう。それまでの内大臣は、みずからが後継首相候補選考の下問を受ける元老が兼任している(松方やその前任者の大山巌がその例)ことが多く、その場合には「元老協議方式」と「元老・内大臣協議方式」とを区別する意味はない。しかし、元老でない平田が内大臣となると、事情が変わってくる。

平田内大臣時代の最初の二回の政変(第二次山本内閣と清浦内閣の成立時)では、内閣からの辞表提出後に、摂政が内大臣に下問するのはその善後措置についてであって、内大臣が直接摂政から後継首相候補の人選について下問を受けたのではない。内大臣は後継首相候補の奏薦権をもつ元老から、これでよいかと同意を求められたにすぎない。ところが、この加藤高明奏薦の時から、摂政は内大臣にも直接その意見を聞くことになったのであり、内大臣も元老とならんで後継首相候補選考の御下問にあずかるようになった。その意味で、御下問範囲が内大臣にまで拡張されたと解することができる。

「元老・内大臣協議方式」が西園寺の発案によるものであることは、今まで述べたことから明らかだが、西園寺が反対してきた「御下問範囲拡張」とは、（元老でない）枢密院議長や首相経験者にまで範囲を広げることであって、内大臣はその職責からして、摂政の下問を受けてもなんら問題はないと考えたのである。松方の死は早晩避けられず、従来の「（複数元老制のもとでの）元老協議方式」はもはや維持できないと悟った西園寺は、それにかえて「（一人元老制のもとでの）元老・内大臣協議方式」への転換をはかったのであった。

もっとも、内大臣は事前に直接・間接のルートで元老と密接に連絡をとりあっており、元老の奏薦の前に両者の意志一致がはかられるのが通例だったから、内大臣が元老の意向に反する意見を表明する心配はまずなかった。ともかくも、西園寺＝平田ラインによって「元老・内大臣協議方式」への転換がはかられ、後継首相候補の選定協議に枢密院議長や首相経験者をも加える「摂政政治の新例」は一度きりの試みで終った。

元老が後継首相候補を摂政に奏薦するにあたって、（元老でない）内大臣の意見を聞き、候補選定の協議をともにすること自体は、第二次山本内閣成立時から始まっているが、摂政が直接内大臣にも後継首相候補に誰が適当かを下問するのとしないのとでは、やはり大きな違いがある。内大臣が後継首相候補の選定についても摂政から直接下問を受けるようになった第一次加藤高明奏薦以降を「元老・内大臣協議方式」と呼ぶならば、それ以前の二回の内閣交代時は「非公式の元老・内大臣協議方式」と位置づけられるであろう。

「首相指名方式」の排除

ところで、清浦内閣が総辞職する前に、平田内大臣は摂政に対して内閣交代に処するにあたっての心構えを進言している。二年前の一九二二（大正十一）年、高橋内閣の総辞職が噂されていた時期に、老齢の松方内大臣のかわりに、清浦枢密院議長や牧野宮内大臣が摂政にレクチュアしたのと同じである。この時平田は、一八九八（明治三十一）年の第三次伊藤内閣から第一次大隈内閣（隈板内閣《わいはん》）への政権委譲を例にあげて、辞任していく総理大臣の伊藤博文《いとうひろぶみ》が、他の元老の

▼**板垣退助**　一八三七〜一九一九年。土佐《とさ》藩出身の政治家。明治六年政変で参議《さんぎ》を辞任したあと、自由民権《じゆうみんけん》運動の指導者となり、立憲自由党を創立。第一次大隈内閣内相。伯爵。

反対を押し切って、後継内閣組織を大隈と板垣退助《いたがきたいすけ》▲の二人に命じるよう明治天皇に進言したのは「大いなる過ち」であると摂政に教示した。すでに第二次山本内閣の末期にも、平田は「隈板内閣成立の顚末」を摂政に話しているが、こちらも清浦内閣末期の時のレクチュアとほぼ同じ内容のものだったと思われる。

つまり、やめていく首相には後継首相候補の奏薦権はないので、摂政はそれについて意見を求めてはならないし、仮にやめていく首相が名前をあげて後継者を推薦したとしても、摂政はそれに耳を傾けてはならないと、平田は助言したのだった。このことは、元老による後継首相奏薦方式を今後とも維持すべきだと、平田が考えていたことを示している。

しかし、明治憲法第五十五条には「国務各大臣ハ天皇ヲ輔弼シ其ノ責ニ任ス」とあって、憲法上は天皇の統治大権行使を輔弼する責任は国務大臣にある。もちろん、総理大臣の任命も統治大権行使の一例にほかならない。だとすれば、辞任する総理大臣(＝筆頭国務大臣)が天皇に対する最後の輔弼行為として、自分の後継者を奏薦したとしても違法ではないし、むしろそのほうが憲法の条文により忠実だといえる。

しかも、辞任する総理大臣が後継者を奏薦した実例は、隈板内閣成立時だけにとどまらなかった。初期の頃の黒田清隆《くろだきよたか》内閣や第一次山県内閣の成立時にも、やめていく総理大臣が後継者を奏薦した。日露《にちろ》戦争後に桂と西園寺が交互に政権を担当しあった桂園《けいえん》時代には、元老の承認のもとではあったが、辞任する桂が西園寺を、また辞任する西園寺が桂を、それぞれ自分の後継者に奏薦したことがあった。その時点では桂も西園寺もまだ元老ではなかった。また、元老山県の反対により成功はしなかったけれども、第二次大隈内閣の総辞職の際にも、大隈首相は自分の後任に立憲同志会《りっけんどうしかい》総裁の加藤高明を大正天皇に奏薦している。

にもかかわらず、なぜ平田内大臣は、先例もあり、憲法上からいっても問題はないはずの「首相指名方式」(やめていく首相が後継首相候補を奏薦する方式)を「大いなる過ち」として否定し、耳を傾けないよう摂政に進言したのだろうか。一つには、やめていく山本や清浦が後継首相の奏薦に関与するのを平田がきらったことが理由としてあげられよう。また、大隈が加藤高明を大正天皇に奏薦して、元老山県に対抗しようとした事態の再発を恐れたのかもしれない。しかしそれ以外にも、西園寺や平田の考える長期的な政治戦略に由来していたと考えられる。

日本国憲法にあるような、議会が後継首相の指名を行うとの明文規定をもたないイギリスにおいては、議会の有力政党の首領である首相が、みずからの辞職にあたって国王に別の人物を後継首相として推薦する慣行が行われている。歴史的に見れば、この「首相指名方式」が確立・定着していく過程と、二大政党制に基づく議院内閣制の定着・発展過程とは相互に関連しあっていた。ある時期以降のイギリスの首相は、国王から行政権のほぼすべてを委任されるにとどまらず、後継首相の指名権までをも掌握する存在となった。その首相の地位を議会に基盤をおく政党が掌握することによって、議院内閣制的な立憲君主制という制度が定着したのだった。その意味で、「首相指名方式」はイギリス型立憲君主制を支える最重要な制度的慣行の一つとみなされる。

これを逆にいえば、天皇が立憲君主制のもとで、統治大権を保持する君主として内閣および議会からの自立性を確保しておくためには、後継首相の選定権を自己の手中に留保しておくことが、是非とも必要であった。内閣総理大臣の任命だけは、明治憲法第五十五条の国務大臣の輔弼責任の例外においておかねばならない。とくに、議会に基盤をおく政党内閣が登場し、今後もそれが定着することが予想される場合には、なおさらそうであった。

もしも、政党内閣が慣行化したうえ、後継首相の選定までもが「首相指名方式」になれば、明治憲法体制はイギリスの議会主義的立憲君主制とほぼ同等のものとなり、天皇はイギリス国王なみの「虚器《きょき》を擁する」存在になりかねない。なぜなら、政党政治のもとでの「首相指名方式」の定着は、国民の選挙により選出された議会政党の首領のみが交代で政権を担当し、国王にかわる事実上の統治大権の行使者となる事態をもたらすからである。形式的には総理大臣は君主によって任命されるとしても、選挙の洗礼を受けた彼は、有権者の支持という、君主の信任とは別の権威によってその正当性を担保されており、しかもそちらの正当性こそが、彼を総理大臣に押し上げたより重要な権威なのだからである。さらに、選挙によって議会の勢力分布を変化させることで、有権者である国民は、間接的に総理大臣の選出を左右する方途をえたことを意味するからである。

「首相指名方式」が慣行として成立しているかどうかは、政党内閣の慣行が定着しているかどうかとならんで、イギリス型立憲君主制（議会主義的立憲君主制）

であるのか否かを判定する重要な指標となるのであり、「元老協議方式」や「元老・内大臣協議方式」さらには「元老・重臣協議方式」のような、やめていく首相以外の者が後継首相の奏薦を行っているかぎりは、いかに政党内閣の慣行が行われていようとも、イギリス型の議会主義的立憲君主制と同じ体制になったとはいえない。それは、統帥権《とうすいけん》の独立▲が認められているかぎり、イギリス型立憲君主制になったとはいえないのと同じである。

▼**統帥権の独立**　天皇大権の一つである統帥権（陸海軍の指揮監督権）の行使については、内閣の輔弼責任の範囲外とし、もっぱら軍部の補佐によってのみ行うとされた制度。

③——元老は園公で打止め

元老亡きあとの元老問題

先述のように、西園寺＝平田ラインによって「元老《げんろう》・内《ない》大臣協議方式」への転換がはかられ、「摂政《せっしょう》政治の新例」は一度きりで終ったが、しかしこれですべて解決したわけではない。松方正義《まつかたまさよし》の病状ははかばかしくなく、その死は目前に迫りつつあった。松方の死とともに問題が再燃するのは避けられない。それを予期した牧野伸顕《まきののぶあき》が、一九二四(大正十三)年二月末に、政変が起こった場合に摂政の御下問《ごかもん》の範囲をどうするのかを、西園寺に相談したことはすでに述べたとおりである。

牧野のそれまでの行動や相談を受けた西園寺が「御下問範囲拡張」には不同意と応じたことなどから判断して、牧野が、必要に応じて準元老級の人物(山本《やまもと》権兵衛《ごんべえ》・清浦奎吾《きようらけいご》)を協議に加えてはどうか、と考えていたのはまちがいない。実際に、二人のあいだでどのようなやりとりがなされたのかわからないが、この時の話合いでは、御下問範囲については、実際に政変が起こった時にその都度考えることにして、現時点ではあらかじめ具体的な範囲を決めることはしないという結論に落ち着いた。具体的な人名をあげることはしないが、時と場合によっては、元老以外にもしかるべき人物を協議に加えることもありうると解釈できそうだが、もとより西園寺の真意は「御下問範囲拡張」に反対だった。西園寺は、問題を先延ばしにするとともに、牧野に言質をあたえるのを避けたのである。

このように、松方の死の前後、元老、内大臣、宮内《くない》大臣のあいだで「御下問範囲拡張」につき内密の検討が行われていた。その動きの一端が洩れ伝わったのか、次のような趣旨の記事が『東京日日《にちにち》新聞』一九二四年六月十九日付に掲載された。

元老亡きあとの元老問題として、枢密院《すうみついん》議長および顧問官数人、内大臣、貴族院《きぞくいん》議長および衆議院議長、宮内大臣らを網羅して、従来の元老会議にかわって天皇・摂政の下問に答える「国家最高の諮詢《しじゅん》機関」を創設すべきであるとの構想が、一部の有識者のあいだで論議されているが、現在の元老制度をなんらかの形式によって存続させることは、日本の国情としてやむをえないところであって、西園寺・松方両元老はもちろん、平田東助《ひらたとうすけ》内大臣や牧野宮内大臣も、一致してそのように考えている。だから、元首相の清浦奎吾や山本権兵衛のような、経歴・人格において卓越している人物に対して、摂政の特別のはからいによって、元老ないしは準元老としての処遇があたえられることに落ち着くのではないだろうか。

この記事が示すように、元老亡きあと、元老が果たしてきた機能は誰が継承するかについては、「㋐元老は再生産せず、枢密院議長、内大臣、宮内大臣、貴族院議長、衆議院議長によって構成される最高諮詢機関がその機能を代替する。㋑山本・清浦などをあらたに元老に指名し、元老制度を維持・継続させる」、この二方向▲が考えられるが、いずれにせよ「御下問範囲拡張」に結びつくことにかわりはない。右の新聞記事は㋑の方式がとられる可能性が高いと観測しているが、そうであるならば、すでに述べたように、元老が健在のうちから、元老見習として山本や清浦を後継首相候補選定の協議に参加させておくのは、制度の継続性からしてむしろ推奨されるべきことになる。松方・牧野がやろうとしたのはそれであった。ところが、西園寺と平田はそれに消極的であり、

▼**二方向**　論理的には、①元老の補充、②「首相指名方式」への転換、③枢密院への諮問、④重臣会議（内大臣、首相経験者、枢密院議長ら）への諮問、⑤内大臣による奏薦の五つの選択肢があったが、元老、内大臣、宮内大臣は「首相指名方式」には否定的であった。

「元老・内大臣協議方式」に転換することで、「摂政政治の新例」が慣行となるのを防止したのである。

　ところで、右の新聞記事が掲載される数日前の一九二四年六月十六日に、牧野宮内大臣と枢密顧問官九鬼隆一《くきりゅういち》▲とのあいだで、興味深い会話が交わされていた。九鬼が政変の際に最高諮詢機関（これは新聞記事の㋐と同様のものと考えられる）を設けることの可否を問うたところ、牧野は、「そのような機関を設けたとしても、現在の時勢にあわず、世論の非難を受けて、すぐに機能できなくなるだろう。また、その案では貴衆両院議長や枢密院議長が協議に加わることになるが、現任の両院議長（公爵徳川家達《こうしゃくとくがわいえさと》▲と立憲政友会《りっけんせいゆうかい》の粕谷義三《かすやぎぞう》▲）や枢密院議長（浜《はま》尾新《おあらた》▲）がはたしてそのような重責にたえられるかどうか不安である。そのような不適当な人物を含む機関が出した選考結果を、世間は納得するだろうか」と、その案に否定的な態度をとった。

　人格・識見ともに誰もが認める人物を特選して、後継首相候補選定の協議に加えるのがいちばん望ましいというのが牧野の考えであり、それを聞いた九鬼が、政変の際には内大臣や宮内大臣が適当な人物を御下問対象者に選び、摂政

▼**九鬼隆一**　一八五二〜一九三一年。文部官僚、宮内官僚。岡倉《おかくら》天心《てんしん》やフェノロサの日本美術研究を支援し、図書頭《ずしょのかみ》や帝室博物館総長として文化財保護に尽力。枢密顧問官、男爵。

▼**徳川家達**　一八六三〜一九四〇年。田安《たやす》家の徳川慶頼《よしより》の三男に生まれるが、一八六八（明治元）年に徳川慶喜《よしのぶ》にかわり徳川宗家《そうけ》の当主となる。一九〇三〜三三（明治三十六〜昭和八）年貴族院議長。公爵《こうしゃく》。

▼**粕谷義三**　一八六六〜一九三〇年。政党政治家。埼玉県選出の衆議院議員。自由党、政友会。一九二三〜二七（大正十二〜昭和二）年衆議院議長。

▼**浜尾新**　一八四九〜一九二五年。文部官僚、政治家。東京帝国大学総長、文相を歴任。東宮御学《ごがく》問所《もんじょ》副総裁、東宮大夫《たいふ》となり、一九二四〜二五（大正十三〜十四）年枢密院議長。

に推薦するよりほかに方法はないだろうと述べると、牧野もそれに賛成したのだった。九鬼が最後に主張したのは、まさに加藤友三郎《かとうともさぶろう》の奏薦《そうせん》の際に、松方と牧野が採用した「元老・重臣協議方式」にほかならない。この牧野と九鬼のやりとりから、この一九二四年六月の時点で、牧野は㋐を退け、元老や準元老に諮詢する㋑をよしとしていたことがわかる。

「御下問範囲拡張問題」の決着

一九二四（大正十三）年七月初めに松方が死去すると、西園寺もこの問題に決着をつけたいと考えたのか、平田内大臣に、山県・松方の両元老が亡くなったので、今後のことについて平田とじっくり相談したい、との希望を伝えた。西園寺の意向を伝えられた平田も西園寺との会見を望んだ。明治を生き抜いてきた元老が一人また一人とあいついで世を去り、不治の病にある大正天皇はみずから政務をみることができず、摂政となった皇太子はいまだ若年で、経験に乏しい状況を前にして、二人の老人（西園寺と平田）は今後のことについて是非ともじっくり話しあっておきたい、おかねばならぬとの思いにかられたのである。

しかし、平田の病状はいっこうに回復せず、また平田と面会すれば、平田の内大臣辞職問題(これについては後述する)にふれずにはすまないこともあって、会見は延び延びとなり、結局、西園寺が生前の平田に会うことはかなわなかった。予定していた会談が無理とわかった一九二四年八月三十日に、平田のほうから次のような趣旨を西園寺に伝えようとした。

このことだけは早く決めておきたい。それは政変の場合における御下問範囲拡張問題のことだ。元老は関白《かんぱく》のようなものである。その関白の人数が多くなるのは好ましくない。またその関白が内閣の後継者を奏薦して置きながら、後から内閣の施設に関与し、いろいろなことをあれこれ注文してはいけない。清浦や山本などは、あるいは元老になる希望をもっているかもしれないが、それは断じていけないと思う。山県、松方の両元老が亡くなられ、西園寺公が唯一の元老となられた。西園寺公には誠に御気の毒なことだが、西園寺公はまったく公平な方であり、内閣に対して注文がましきことなど決して言われない。真に国家の柱石とも言うべき方なので、今後は西園寺公御一人で責任をもって、後継首相候補の奏薦の役割を担っていただきたい。元老は西園寺公を限りとし、将来は置かないのがよい。原《はら》敬《たかし》が生きておれば別だが、現状では元老の後継者は種切れである。(岡義武・林茂校訂『大正デモクラシー期の政治:松本剛吉政治日誌』岩波書店、一九五九年、三二九ページ)

平田は「御下問範囲拡張」に否定的であり、清浦や山本に対する評価も低かった。平田のくだした最終結論は㋐の最高諮詢会議案はもちろんのこと、㋑の元老再生産案でもなく、西園寺が健在のあいだは、後継首相の奏薦は西園寺が元老として一人で責任をおう体制(=「一人元老制」)を将来も維持すべきであり、人材不足ゆえに元老は西園寺を最後に、あとは自然消滅にまかす、それもまたやむをえぬというものであった。

平田の意見は九月五日に西園寺のもとにもたらされた。それを聞いた西園寺は、平田の考えは自分ももっともだと思う。自分もその決心をしており、世間で何といおうと、自分西園寺は皇室に身をささげるつもりなので、後継首相候補選定の御下問があった場合には、一人で摂政にお答へ申し上げる決心でいると述べ、自分の考えを平田に伝えさせた。西園寺は、最後の元老として天皇の最高顧問たる責任を一身で引き受ける覚悟を固めたのである。この時点で元老西園寺と内大臣平田の合意による「一人元老制」の構想が確定したといえるであろう。

一九二四年夏に元老西園寺と内大臣平田の合作による「御下問範囲拡張問題」に対する結論（「一人元老制」と「元老・内大臣協議方式」）は、西園寺または平田から摂政に上奏《じょうそう》され、その承認をえることで最終的に制度としてオーソライズされる。その上奏がいつなされたのかは今のところはっきりしないが、西園寺が一九二六（大正十五）年八月に、平田内大臣がまだ生きていた時に、「政変の場合は元老と内大臣が協議して御下問にお答えすることとし、そのことを平田より摂政に上奏している。自分西園寺もその後摂政に拝謁《はいえつ》した時に、このことを申し上げた。このことは誰も知らないので、新聞などではつねに御下問範囲拡張などとあれこれ論じているが、これはすでに決まったことなので、他の人物に御下問はないはずである」と語っていることから、平田が内大臣を辞職する一九二五（大正十四）年三月よりも前に、平田および西園寺から摂政に上奏し、その承認をえていたのは確かだと思われる。これによって「御下問範囲拡張問題」

にひとまずの決着がつけられたといってよい。

念のために付記しておくと、「一人元老制」と「元老・内大臣協議方式」とはたがいに相補的な関係にある。元老が複数いれば、元老だけで協議が成立し、元老が兼任しない内大臣がわざわざその協議に参加する必要はない。しかし、元老が一人に限られてしまうと、単独の意思決定となってしまって協議という形にはならない。ただ一人の元老の「独裁」という批判を避け、念のために他者のチェックを受ける機会をえるためには、元老でない誰かを協議に加えたほうがいい。元老の再生産を考えない場合、その職責からして内大臣がもっとも適任という結論に落ち着く。つまり、「一人元老制」のもとでは、「元老単独奏薦」よりも、「元老・内大臣協議方式」のほうがより適合的だったのである。「元老・内大臣協議方式」は元老が一人に限られている状態(「一人元老制」)を暗黙のうちに前提としており、両者は相補的な関係にあった。

なお、憲法上は枢密院議長も選択肢にあげられるが、内閣を掣肘《せいちゅう》しうる大きな法的権限を有していた枢密院▲の議長に、後継首相候補の奏薦権までをもあたえてしまうと、枢密院と内閣の権力関係のバランスが失われかねない恐れがあ

▼大きな法的権限を有していた枢密院　明治憲法で枢密院は天皇の最高顧問機関とされ、枢密院官制などの規定により、重要な法令の制定や条約の批准にあたっては、天皇は枢密院に諮問することになっていた。

った。

また、「一人元老制」と「元老・内大臣協議方式」の制度化にあたり、西園寺と平田とのあいだには、おのずから役割分担のようなものがあった。「一人元老制」は主に平田がその実現に努力し、「元老・内大臣協議方式」は西園寺の主導のもとで導入された。西園寺としては、元老の再生産には反対であっても、元老は自分一人で十分だから、これ以上ふやす必要はないと、公然と主張するわけにはいかない。さらに、それを摂政にみずから進言し、その承認を求めるのは厚かましいと思われる恐れがあった。一方、平田のほうとしても、内大臣である自分にも後継首相候補選考の協議に加わる権利があり、その協議に加えられるべきであると、摂政や元老に主張するわけにはいかない。

そこで、平田は西園寺の一身にかかわる「一人元老制」を摂政に進言し、西園寺は平田の権限の拡張を意味する「元老・内大臣協議方式」の導入を進言するという役割分担が自然と生まれたのだと思われる。「一人元老制」と「元老・内大臣協議方式」が西園寺と平田の合作と書いたのは、こういう意味であった。

不思議なことに、この西園寺＝平田合意の内容が宮内大臣の牧野に正確に伝えられたかどうか、いま一つ定かではない。牧野は一九二四年十一月十九日に西園寺と会談し、政変の際に御下問を受ける人物の範囲については、あらかじめ決定せず、その時の都合によって臨機に処理するとの、その年の二月に西園寺と牧野のあいだで成立した合意を再確認している。牧野が日記にこのような記述をしていることから、西園寺は西園寺＝平田合意の内容を牧野にははっきりと示さなかったのではないかと考えられる。

なお、西園寺と牧野のあいだで「政変の際に御下問を受ける人物の範囲については、あらかじめ決定せず、その時の都合によって臨機に処理するとの合意」が再確認されたことによって、西園寺と牧野のあいだでも、松方死後の「御下問範囲拡張問題」に一応の決着がつけられたとみてよい。おそらく、平田あるいは西園寺が「政変の場合は元老と内大臣が協議して御下問にお答えする」ことを摂政に上奏したのは、この西園寺と牧野の合意再確認の前後になされたのではないかと思われる。

「一人元老制」と「元老・内大臣協議方式」

平田内大臣の時代に「政変の場合は元老と内大臣が協議して御下問にお答えする」ことを西園寺が摂政に上奏し、その承認をえたことにより「元老・内大臣協議方式」は公式の制度となった。そのことは、一九二五(大正十四)年八月の政変、すなわち問題の上奏が行われたあとに生じた最初の政変にして、しかも牧野が平田の後任の内大臣になってから最初の政変でもある、護憲三派《ごけんさんぱ》内閣(第一次加藤高明《かとうたかあき》内閣)の総辞職の際に、摂政が牧野内大臣にとった態度によって明らかである。

この時、加藤首相以下全閣僚の辞表を受け取った摂政は、牧野内大臣に今後の処置を下問した。牧野は、摂政が決定をくだされる前に一応西園寺の意見をお聞きになられるように、と進言したので、摂政はただちに入江為守《いりえためもり》東宮《とうぐう》侍従長を御殿場《ごてんば》にいる西園寺のもとに派遣した。入江の来訪を受けた西園寺は、まず入江に牧野の意向を尋ねたが、事前に牧野から何も聞かされていない入江は答えることができなかった。そこで西園寺は牧野本人を御殿場に招くこととし、後継首相の候補については、牧野内大臣とも相談のうえよく考えてお答えいたしますとの言葉を摂政に復命するよう、入江に依頼した。

西園寺が牧野の意向を確かめるべく、わざわざ彼を呼びよせたのは、もちろん「元老・内大臣協議方式」によって後継首相候補の奏薦を行おうとしたからである。後継首相候補選定の下問は元老の西園寺になされたにもかかわらず、内大臣牧野との協議がすむまで、西園寺は摂政への奉答《ほうとう》を見合わせたのである。

八月一日未明に東京を発って御殿場までやってきた牧野に、西園寺は加藤高明憲政会《けんせいかい》総裁をもう一度奏薦する考えを明らかにした。政友会と憲政会の決裂により護憲三派の提携が破れ、政友会が連立内閣から離脱した状況において、第一党である憲政会が単独で組織する第二次加藤高明内閣▲を成立させる考えを、西園寺は示したのである。牧野も賛成し、加藤の再任は、大多数の国民の支持をえるにちがいないと述べた。

東京に戻った牧野が、後継首相には加藤高明が最適任との西園寺の奉答を摂政に報告すると、摂政は「内大臣の意見はどうか」と牧野に尋ねた。摂政は西園寺の奉答を聴いたあと、内大臣の牧野にも後継首相の人選について下問したのである。牧野の考えが西園寺と同じであることを確認した摂政は、そのあと加

▼第二次加藤高明内閣　一九二四(大正十三)年六月に成立した護憲三派の連立内閣(第一次加藤高明内閣)は、翌年になって政友会が連立解消を求めたために、一度総辞職した。しかし、摂政が加藤を再度総理大臣に選んだことにより、一九二五(大正十四)年八月に憲政会の単独内閣である第二次加藤高明内閣が成立し、翌二六(昭和元)年一月に加藤首相が急死するまで続いた。なお、この時加藤以下の憲政会所属大臣の辞表が差し戻されたので、加藤内閣は総辞職したのではなくて、内閣改造にとどまるとするのが現在の日本政府の公式見解である。

藤高明を召しだし、後継内閣の組織を命じた。

この手順は、その前の護憲三派内閣での加藤高明奏薦の時とほぼ同じである。違うのは、前回の政変では西園寺から摂政に、元老松方は重い病気のため、摂政の御下問に答えることはできないだろうから、内大臣の平田にも御下問になるようにと、徳川侍従長を通じて助言した点のみである。いいかえれば、二度目の加藤高明奏薦の際には、西園寺からの助言がないにもかかわらず、摂政は牧野内大臣にも下問したのである。西園寺の奉答を聴いたあと、摂政が自分単独の考えで、牧野に下問したとは考えられない。この政変以前に西園寺から、内閣総辞職にあたっては元老の後継首相奏薦の奉答があったあと、念のため内大臣にも御下問あるべしとの進言が摂政になされ、摂政もそれを了承していたと考えないかぎり、なぜ摂政が牧野にも下問したのか、その説明がつかない。

以上のことから、一九二四(大正十三)年六月以降二五年三月までのいずれかの時点▲で、平田もしくは西園寺が摂政に、「政変の場合は元老と内大臣が御下問に奉答する」ことを奏上し、その承諾をえたのはほぼまちがいないと結論できよう。

▼**いずれかの時点**　西園寺は、一九二四(大正十三)年十月十八日に摂政に拝謁し、食事をともにしたが、この時に「元老・内大臣協議方式」のことを摂政に奏上《そうじょう》した可能性が高い。

この平田と西園寺の後継首相候補選定法の提案を摂政が承認したことによって、「元老・内大臣協議方式」は正式の制度として確定した。次の若槻《わかつき》礼《れい》次《じ》郎《ろう》▲奏薦の場合（一九二六〈昭和元〉年一月）も、第二次加藤高明内閣成立時と同様の手順に従って処理される。「元老・内大臣協議方式」が制度として定着したのである。

なお、二回目の加藤高明奏薦の際の牧野の行動（善後措置を尋ねる摂政の最初の下問に対して、元老に御下問されるようにと進言するだけで、西園寺から御殿場に呼びだされるまで、後継首相候補の人選について元老となんら協議をしなかったこと）は、西園寺＝平田合意が牧野に正確に知らされていなかったとの推測を裏づける一つの傍証となる。

ひとまず「御下問範囲拡張問題」に決着がついたとはいえ、この西園寺＝平田合意では、西園寺が健在のあいだは「一人元老制」と「元老・内大臣協議方式」でいくとしても、西園寺が死に、元老が消滅してしまったあとには、一体どうするのかがはっきりしない。まだまだ元気とはいえ、西園寺も八〇歳に手が届こうとしていた。いつ死んでも不思議はない年齢である。西園寺死後のことが未定である点で、この西園寺＝平田合意は十分とはいえなかった。

▼若槻礼次郎　一八六六〜一九四九年。大蔵官僚、政治家。第三次桂《かつら》太《た》郎《ろう》・第二次大隈重信《おおくましげのぶ》内閣の蔵相。護憲三派内閣で内相。加藤高明の死後首相となり、浜口《はまぐち》雄《お》幸《さち》が負傷後も首相となる。

若槻礼次郎

しかし、元老消滅後のことがまったく検討されなかったわけではない。牧野が一九三〇(昭和五)年に回想しているところでは、平田の内大臣在職中に、政変の際の御下問範囲につき考究したことがあり、元老亡きあとは内大臣が責任をもって天皇・摂政の下問に答えることにすべきであるが、内大臣を助けるために内大臣府に御用掛《ごようがかり》をおいて、後継首相候補選定の協議に参加させるとの案が検討されたことがあったらしい。しかし、平田はこれに反対し、また西園寺も賛成しなかったので、その案は廃案となってしまったという。

前後関係からすると、牧野の回想は、一九二四年春から秋にかけ「御下問範囲拡張問題」が元老、内大臣、宮内大臣のあいだで論議された時のことをさしていると思われる。問題となったのは、元老亡きあとは内大臣が後継首相候補奏薦の任にあたり、内大臣の相談相手となるべき準元老級人物を内大臣府御用掛としてあらかじめ用意しておくという案なので、これも一種の「御下問範囲拡張」であり、前記㋑の一変種といってよいだろう。牧野は、清浦や山本を内大臣府御用掛に任命することで、彼らの準元老化をはかろうと考えていたのだと思われる。

④——西園寺「最後の元老」となる

平田内大臣の辞任

平田東助内大臣《ひらたとうすけないだいじん》は、一九二四(大正十三)年六月から神奈川県逗子《ずし》の別荘で病気療養中であり、常侍輔弼《じょうじほひつ》の職責をつくすのが困難だとして、内々に西園寺に辞意を洩らしていた。平田内大臣の辞意を知った西園寺は、もちろん平田の辞任には反対であり、病気の治療に専念して一日も早く健康を回復するよう伝えさせた。一時平田の病状も回復しかけたので、この問題も終りになるかにみえたが、それもつかのまの小康状態にすぎず、一九二四年十一月になって、ついに平田は辞職を決意し、正式に辞表を出したいと西園寺に伝えた。

西園寺はこれを聞いておおいに困惑し、もし平田が正式に辞表を提出するようなことになったら、内大臣の後任人事をめぐってすこぶる面倒なことになりかねないと心配した。右に述べた西園寺＝平田の合意によれば、内大臣は元老《げんろう》とともに天皇・摂政《せっしょう》の下問《かもん》に答える職責を分担するのだから、信頼する平田に辞意を表明されたのでは、西園寺が困惑するのも無理はない。

▼**久邇宮朝融王**　一九〇一～五九年。皇族、海軍軍人、海軍中将。久邇宮邦彦王の長男。皇太子妃良子女王の兄。一九二四(大正十三)年に酒井伯爵《はくしゃく》家の菊子との婚約を破棄。

しかし、平田の辞意は固く、西園寺の慰留にも決心をひるがえすことはなかった。一九二四年十一月二十日には、職務を果たすことができず、強く責任を感じており、是非とも辞表を提出したいと、自分の決意を牧野伸顕《まきののぶあき》宮内《くない》大臣と西園寺に伝えるよう入江貫一《いりえかんいち》内大臣秘書官長に命じ、十二月二十一日には正式に辞表を提出した。十二月三十一日付『東京朝日新聞』は、辞表を受け取った牧野は、摂政に取り次ぐ前に西園寺を訪問して、協議するつもりのようだが、清浦奎吾《きようらけいご》も山本権兵衛《やまもとごんべえ》も西園寺の意中にはなく、後任の人選はむずかしいと伝えている。

西園寺は、入江から平田の決心を聞かされるより前に、すでに一度牧野と内大臣の後任問題について話しあっていた。十一月十四日に牧野が、久邇宮朝《くにのみやあさ》融《あきら》王▲婚約解消事件の後始末につき相談のため西園寺を訪れた際、西園寺は内大臣の後任問題を切りだし、平田の病状次第ではやむをえず辞職を認めざるをえないことも考えられるので、その対策をあらかじめ相談しておきたいと、次の三案を牧野に示した。

第一案は牧野宮内大臣が内大臣を兼任する。第二案は牧野が内大臣に転じ、その後任の宮内大臣には枢密院《すうみついん》副議長の一木喜徳郎《いちききとくろう》▲をもってくる。第三案は一木を内大臣にする、というものであった。ただし、一木では内大臣としての貫禄に欠けるので、第三案は実現困難だと西園寺はみていた。つまり、平田の後任に牧野をすえ、宮内大臣は牧野が兼任するか、そうでなければ一木をもってくるか、そのいずれかにするというのが西園寺の腹案だった。牧野はこの構想に対し何も意見を述べなかった。内大臣の後任候補について別の考えをもっていたからである。

ところで、その年(一九二四年)の一、二月に牧野の宮内大臣辞職の噂《うわさ》が取りざたされた時には、西園寺は一木が牧野の後任となるのに反対であった。一木に対する西園寺の評価は大きく変化したことになる。一木は、第一次桂《かつら》太郎《たろう》内閣と第三次桂内閣の法制局長官をつとめ、第二次桂内閣では平田内務大臣のもとで内務次官として活躍した経験をもち、さらに第二次大隈重信《おおくましげのぶ》内閣で文部大臣と内務大臣をつとめた。この経歴から、一木は旧桂系の官僚で、立憲同志《りっけんどうし》会《かい》・憲政会《けんせいかい》寄りとみられていた(実兄の貴族院《きぞくいん》議員岡田良平《おかだりょうへい》▲は加藤高明《かとうたかあき》内閣の文部大臣であった)。一木に対する評価の変化は、あるいは護憲三派《ごけんさんぱ》内閣のもとで与

▼**一木喜徳郎**　一八六七〜一九四四年。内務官僚、法学者、政治家。帝国大学法科大学教授、法制局長官、内務次官、文相、内相を歴任。一九二五(大正十四)年宮内大臣、三四(昭和九)年枢密院議長。

▼**岡田良平**　一八六四〜一九三四年。文部官僚、教育者、政治家。京都帝国大学総長、寺内内閣・加藤高明内閣の文相。一木喜徳郎の実兄。

一木喜徳郎

党となった憲政会に対する西園寺の評価の変化と連動していたのかもしれない。

しかし、元来が法学者（帝国大学法科大学教授）であり、国家法人説《こっかほうじんせつ》▲に基づく天《てん》皇機関説《のうきかんせつ》▲の提唱者として知られていた一木は、憲政会に近い旧桂系官僚とはいえ、党派的色彩はそれほど強くなく、枢密顧問官としてもそれなりの経験を積んでいた。何よりも、その宮内大臣就任によって宮中《きゅうちゅう》側近の勢力関係に大きな変動の生ずる恐れがないと思わせたことが、一木推挙の背景にあったと思われる。

一九二五（大正十四）年に入って、摂政に平田内大臣の辞意を伝達した牧野は、興津《おきつ》の元老と協議のうえ、なにぶんの善後措置を復命いたしますと述べたあと、興津の西園寺を訪問し、内大臣後任問題についてふたたび協議した。牧野は斎藤《さいとう》実《まこと》▲朝鮮総督《そうとく》を推し、西園寺はそれに反対した。おそらく牧野は、内大臣の後任には山本権兵衛が最適だと考えていたはずだが、山本は虎ノ門《とらのもん》事件の責任をとって総理大臣を辞職したばかりなので、内大臣の後任に推すわけにはいかなかった。そこで、山本のかわりに、薩摩《さつま》出身ではないが、海軍時代には海軍大臣山本のもとで海軍次官を長くつとめ、山本が海軍大臣をやめてからは、その

斎藤実

▼国家法人説　十九世紀後半のドイツにおいて有力となった国家理論。国家は単一の法人であり、その統治権は国家に帰属し、君主は国家の代表機関とする学説。

▼天皇機関説　ドイツの法学者イェネリックの国家法人説を日本に適用した憲法学説。一木喜徳郎の弟子美濃部達吉《みのべたつきち》によって唱えられた。

後任として活躍した海軍大将斎藤を推したのだった。

前年(一九二四年)四月に牧野が西園寺を訪問した時、牧野は、斎藤が朝鮮総督を退職したあと宮中のいずれかの職に就けたいが、どう思うかと、西園寺に打診したことがあった。その時西園寺が同意したようにみえたので、牧野としては西園寺が斎藤内大臣案に反対するとは思わなかっただろう。どうやら西園寺は、斎藤案に対して元帥《げんすい》海軍大将東郷平八郎《とうごうへいはちろう》が適任だと主張したらしい。さらに宮内大臣の後任にしっかりした人物をえることができれば、牧野が内大臣になるのがよいともいった。東郷をもちだしたのは斎藤案をつぶすための方便であり、西園寺の真意は十一月に示した「牧野内大臣、一木宮内大臣」にあったと思われる。平田の考えも「牧野内大臣、宮内大臣は一木か平山成信《ひらやまなりのぶ》▲」というものであった。

斎藤内大臣案では西園寺の支持をえられそうもないと悟った牧野は、西園寺の案に従うこととし、結局自分が平田の後任として内大臣にまわり、宮内大臣の後任には一木をもってくる決心をする。一月三十一日にもう一度興津を訪れた牧野は西園寺にその決心を告げ、西園寺もそれを了解した。この結果、内大

▼**斎藤実**　一八五八〜一九三六年。海軍軍人、政治家。海軍大将。日露《にちろ》戦後海相となり、シーメンス事件で辞職。三・一事件後、朝鮮総督。五・一五事件後に組閣。一九三五(昭和十)年内大臣。二・二六事件で暗殺される。子爵。

▼**平山成信**　一八五四〜一九二九年。官僚、教育者。第一次・第二次松方内閣内閣書記官長。日本赤十字社社長。男爵《だんしゃく》。

興津を訪れた牧野(本文の時期より五カ月ほどあとの写真)

興津の西園寺公望別邸「坐漁荘」（一九二〇〈大正九〉年築）

臣後任問題は、牧野宮内大臣の後任人選へと焦点が移り、一木の説得が進められる。宮内大臣就任をしぶる一木をなんとかなだめて、承諾させたのは二月十二日のことであった。西園寺も一木の説得に助力を惜しまず、興津に一木を招いてみずから就任を勧めるとともに、加藤首相や一木の実兄の岡田文相にも側面支援を依頼した。

なお、摂政は内大臣の後任人事について元老西園寺に正式に下問したようであり、三月初めに入江《いりえ》為守《ためもり》東宮侍従長が興津に西園寺を訪ねている。入江を通じて伝えられた西園寺の奉答は、牧野を内大臣にというものであり、その進言を受けた摂政が内大臣就任を牧野に命じたのは三月三日であった。総理大臣とならんで内大臣の人事も元老の奏薦《そうせん》事項であったことが、これから確認できよう。

宮内大臣の後任については、摂政に直接一木を奏薦したのは西園寺ではなくて、牧野であったが、西園寺の意向が優先されたことは右の事情からも明らかである。総理大臣、内大臣および宮内大臣の人事（これに枢密院議長を加えてもよい）に関しては、奏薦権ないし協議権を有する元老が実質的な決定権を有していたとみてよい。

牧野内大臣・一木宮内大臣という側近新体制は西園寺の意にかなうものであった。一木の後任引受けが確実となった時点で、西園寺は牧野に、今回の人事については非常に満足しており、自分の寿命が一年は延びた気がすると、満足と感謝の気持ちを伝えている。単なる社交辞令ではなくて、西園寺としては偽らざる気持ちだったにちがいない。「御下問範囲拡張問題」では意見を異にするとはいえ、永年の友人でもあり、気心も知れているうえ、摂政設置以来、宮内大臣としての牧野の手腕に信頼をよせていた西園寺は、牧野が摂政の側近として宮中にとどまるのを強く望んでいたのである。

牧野伸顕

一九二六年十月上奏

牧野の内大臣就任により、西園寺＝平田・牧野体制は西園寺＝牧野・一木体制へと移行した。それにともなって西園寺は牧野に、西園寺・平田合意の正確な内容すなわち後継首相奏薦に関しては「元老・内大臣協議方式」をとり、西園寺健在のあいだは「一人元老制」を維持することを説明しなければならなかった

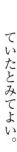

はずだが、「牧野日記」には説明があったような記述はない。「牧野日記」によれば、牧野が西園寺からこの問題について明示的に話を聞かされたのは、内大臣就任後一年半もたった、一九二六（昭和元）年十月二十八日がはじめてであった。

この時、西園寺は牧野に次のように語った。

　先日摂政殿下に拝謁《はいえつ》した際に次のことを申し上げた。西園寺も歳をとって老衰しつつあり、将来のことが心配ですので、今後政変等で後継首相の選定の場合には、元老だけでなく内大臣にも御下問あるようにいたしたく思います。また西園寺が死んだ後は、主として内大臣に御下問されるようにお願いいたします。もし、内大臣が候補者選考の参考とするために、誰かに相談し、その意見を求めたいと思った時には、そのことにつき内大臣から摂政に願い出て、そのお許しを得たうえで、それらの人々と協議するようにいたしたく思います。（伊藤隆・広瀬順皓編『牧野伸顕日記』中央公論社、一九九〇年、二九六ページ）

侍従武官長奈良武次《ならたけじ》▲の日記には、西園寺が十月十四日に摂政に拝謁し、摂政の職務について意見を申し上げたとあるので、西園寺が摂政に後継首相の選考

▼**奈良武次**　一八六八〜一九六二年。陸軍軍人、陸軍大将。一九二〇（大正九）年より東宮《とうぐう》武官長、二二〜三三（同十一〜昭和八）年まで侍従武官長（二六〈同元〉年までは東宮武官長を兼任）。男爵。

方式について奏上《そうじょう》したのは、十月十四日だったと思われる。西園寺の奏上内容を確認しておくと、西園寺が健在のあいだは自分と内大臣が協議して御下問に答えるが、西園寺が死に、元老消滅となれば、内大臣が責任をもって後継首相候補奏薦の任にあたるのがよく、その際内大臣が必要と認めるならば、摂政の許可をえて、しかるべき人物と協議することができる、ということになろう。

　内大臣にまで御下問範囲を拡張するのは、すでに平田内大臣の時から摂政の承認を受けて制度化されていたのだから、この点は「元老・内大臣協議方式」の再確認にすぎない。この一九二六年十月上奏《じょうそう》の新しさは、二四（大正十三）年の西園寺＝平田合意には欠落していた西園寺死後のことを付加している点にある。西園寺は、最高諮詢《しじゅん》会議案も、元老再生産案もともに斥け、自分の死後は内大臣に元老の奏薦機能を担わせることを選んだのだった。「御下問範囲拡張」は自分が生きているあいだは内大臣以外には認めない。それがやりたければ自分の死後に内大臣の責任でやってくれ、というのが西園寺の本音であったと思われる。

　このような重大な意味をもつ上奏を、西園寺は内大臣である牧野と事前の相談もなしに行い、上奏後にその事後承諾を求めた。この話を聞かされた牧野は、「実に重大なるお話をうかがいました。しかしすでに摂政のお耳に入り、ご承知済みのことですので、この際はただつつしんでお受けするほかありません」と応答するほかなかった。さらに続けて牧野は西園寺に、次のように語った。

この問題は数年前からたびたび議論されてきたことで、元老とも内々にご相談したことがあり、その際には、まことに重大な問題ですので西園寺公におかれても適当な方法を考慮していただきたいとお願いしたこともありました。また牧野の方でも、比較的万全と思われる方法に気づいた場合には、ご参考のため元老に提供したいと考え、常に念頭に置き続けてきましたが、じつは今日にいたるまで自信をもって推薦できる良案を得ないままに時が過ぎてしまいました。只今のような御話をお聞きして、ただただ事の重大であること、そのような重大な役割を引き受けるには自分の器量が及ばないことを思い、まことに恐れ入るほかありません。(『牧野伸顕日記』二六九ページ)

この牧野の言葉は、元老死後に内大臣である自分にかかってくる責任の重さを思っての発言ではあるが、それだけとは思えない。「御下問範囲拡張問題」の詰めをしないまま来たうちに、西園寺に不意を衝《つ》かれたとの思いが、牧野にはあったと解釈するのは、かんぐりすぎだろうか。この時の西園寺の話がよほど印象深かったのであろう、西園寺の会見依頼の手紙の封筒の裏に、牧野はわざわざ「政変に関する御下問奉答《ほうとう》方之件ニ付内談アリ」と記している。なお、西園寺は十一月三日に同趣旨の話を一木にも聞かせている。

内大臣就任後、西園寺からこの話を聞かされるまでに、西園寺＝牧野のコンビは二回政変を経験している。第二次加藤高明内閣（一九二五〈大正十四〉年八月）と第一次若槻《わかつき》礼次郎《れいじろう》内閣（二六年一月）だが、すでに述べたように、いずれの場合も首相の辞表提出後、摂政から内大臣に下問があり、牧野は元老の意見を聞くよう進言し、下問を受けた西園寺は、牧野と協議しておたがいの意見を一致させたうえで、摂政に奉答している。それを受けた摂政は改めて牧野の意見を確かめ、その後に奏薦された人物に内閣組織を命ずる手続きがとられた。

このように、牧野も「元老・内大臣協議方式」を忠実に踏襲しており、西園寺以外の人物にも御下問あるようにと摂政に進言することはしなかった。つまり、少なくとも第一次若槻内閣の成立時には、「一人元老制」と「元老・内大臣協議方式」が制度化されていることを牧野も知っていたことになる。

しかしその一方で、牧野は内大臣就任後も、西園寺死後のことをおもんぱかって、後継首班奏薦方式について関心を寄せ続けてきた。一九二五年四月には、いかなる内容かはわからないが、加藤首相や西園寺に対して「政変の場合に処する研究」のことを話しており、さらに翌年一月にも新任の若槻首相に「政変の際御諮詢方法に関する重大問題の事」を告げている。また同年九月には河井《かわい》弥《や》八《はち》▲内大臣秘書官長に「政変の場合、組閣者推薦の方法」を調査するよう命じ、河井は東京帝国大学法学部の小野塚喜平次《おのづかきへいじ》▲教授を訪問して、政変の場合における後継首相候補の奏薦者について指導をあおいでいる。ほかにも、一九二五年九月に枢密院議長浜尾新《はまおあらた》が事故で急死し、その後任人事が問題となった時も、牧野は、政変の場合に対処するには、法学者の穂積陳重《ほずみのぶしげ》▲副議長が議長に昇任するよりも、種々非難はあるけれども、元議長の清浦奎吾のほうが、閲歴、経験、声望などにおいて数段まさっているとして、清浦の枢密院議長復活を主張した。これは、枢密院議長が清浦であれば、後継首相奏薦に関与する可能性もありう

▼**河井弥八**　一八七七〜一九六〇年。内務官僚、宮内官僚、政治家。貴族院書記官長をへて、一九二六(昭和元)年内大臣秘書官長。のち皇后宮大夫《こうごうぐうたいふ》兼侍従次長。戦後参議院議員となり、一九五三(昭和二十八)年参院議長。

▼**小野塚喜平次**　一八七一〜一九四四年。政治学者。東京帝国大学教授、一九二八(昭和三)年東京帝国大学総長。

▼**穂積陳重**　一八五五〜一九二六年。法学者。東京帝国大学教授。民法典論争で施行延期を主張し、民法の起草者となる。一九二五(大正十四)年枢密院議長。男爵。

ると牧野が考えていたことを示すものである。

これらのことから、たしかに牧野は、後継首相の奏薦方法をどうするか「常に念頭に置き続け」、「比較的万全と思われる方法」を求めて、それなりの模索をしていたことがわかる。ただ、「今日にいたるまで自信をもって推薦できる良案を得ないままに時が過ぎて」しまったところに、事前の相談もなしに、西園寺から確定案が奏上されてしまったのである。

牧野の真意がどうであれ、西園寺のこの一九二六年十月上奏を牧野が事後承諾したことにより、西園寺健在のあいだは「一人元老制」と「元老・内大臣協議方式」でいき、西園寺死後は内大臣が後継首相奏薦の任にあたる(その場合、内大臣が必要と認めれば、天皇の承諾をえてしかるべき人物を協議に加えることができる。すなわち「内大臣・重臣協議方式」をとることができる)との合意が西園寺＝牧野体制においても確認されたのだった。これにより元老は西園寺一人とし、その後は自然消滅にまかせるとの決定がほぼ確定したといってよい。山本を元老に、との牧野や薩摩系の望みもここでたたれたのであった。

昭和天皇の即位

牧野が西園寺から「実に重大なるお話」を聞いて二カ月たった頃、大正天皇の長い療養生活に終止符が打たれた。西園寺は天皇危篤の報を聞くと、十二月十五日に興津を出発して逗子の幣原喜重郎《しではらきじゅうろう》▲外相の別荘に移り、大正天皇の死までそこにとどまった。十二月十九日からはほぼ連日、天皇の居住する葉山御用《はやまごよう》邸《てい》に詰めて、病状の推移を見守り続けたが、二十五日午前一時二十五分ついに大正天皇は息をひきとり、四八年の生涯に終止符を打った。西園寺は翌二十六日御用邸付属邸において大正天皇の遺骸に拝したあと、幣原の別荘に戻り、喪に服した。

葉山で践祚《せんそ》▲の儀式をすませた新天皇は十二月二十八日東京で朝見式《ちょうけんしき》▲を行い、そのあと、皇居の御学問所《ごがくもんじょ》において珍田捨己《ちんだすてみ》侍従長侍立《じりつ》のもと、皇族筆頭の閑《かん》院宮載仁《いんのみやことひと》親王▲、元老西園寺、若槻総理大臣の三人に勅語《ちょくご》をあたえた。西園寺は参列の予定であったが、疲労のため欠席し、勅語は侍従長がかわりに受け取った。西園寺にあたえられた「至尊匡輔《しそんきょうほ》の勅語」がどのような手続きをへて出されたのかは明らかでないが、「牧野日記」には、十二月十五日に摂政に拝謁し

▼**幣原喜重郎**　一八七二〜一九五一年。外交官、政治家。一九二〇年代に四度にわたり外相となり、国際協調的な幣原外交で知られる。男爵。一九四六(昭和二十一)年に首相となり、四九〜五一(同二十四〜二十六)年衆院議長。

▼**践祚**　天皇が死去した際に行われる皇位継承の儀式。明治の皇《こう》室典範《しってんぱん》によれば、新天皇に三種《さんしゅ》の神器《じんぎ》が引き継がれる。

▼**朝見式**　践祚の時に、新天皇がはじめて皇族や重臣、文武の高官と謁見する儀式。

▼**閑院宮載仁親王**　一八六五〜一九四五年。皇族、陸軍軍人。元帥陸軍大将。伏見宮邦家《ふしみのみやくにいえ》親王第十六王子。閑院宮を継承。一九三一〜四〇(昭和六〜十五)年参謀総長。

聖上崩御

官報號外無號告示
天皇陛下今廿五日午前一時廿五分葉山御用邸において崩御あらせらる
大正十五年十二月廿五日
宮内大臣 一
内閣總理大臣
連署

大正十五年十二月廿五日午前一時廿五分崩御遊ばさる
心臓麻痺の御病症にて
侍醫頭發表

（十二月廿五日宮内省發表）聖上御容體肺炎の御症狀昨朝より一段御増進御體温は四十一度まで御昇騰あらせられ御脈は益々頻數微細とならせられ御呼吸は更に逼迫遊ばされ遂に午前一時廿五分心臓麻痺により崩御あらせらる誠に恐懼の至りに堪へず

侍醫頭入澤達吉、宮内省御用掛三浦謹之助、同平井政遒、同稲田龍吉、侍醫八代豐雄、同西川義方、同鹽谷、同荒井惠、同山川一郎、同岬戸久誠、侍醫寮御用掛新井宮彦、同菊池循一

寶算四十八歳に渡らせ給ふ

大行天皇は明治十二年八月三十一日に御降誕あらせられ寶算四十八歳に渡らせ給ふ

赤子の祈りも遂に空し

大行天皇

元號制定

「光文」と決定ー樞府會議で

樞密院緊急臨時本會議は廿五日午前二時頃より葉山新御用邸において開會倉富平沼正副議長以下各顧問官二上樞府書記官長等参集し御諮詢相成りたる
一、元號制定の件
を上議し慎重審議の結果政府提出原案を可決し倉富議長より直ちに奉答する處あつたが元號は「光文」「大治」「弘文」等の諸案があつたが左の如く決定した
「光文」

＝改元原案決定【臨時閣議】＝

【葉山發】聖上陛下には遂に崩御あらせられたる旨宮内省局より發表ありたるにつき内閣は直ちに廿五日午前三時三十分より葉山新御用邸内に緊急臨時閣議を召集し若槻首相以下各大臣全部塚本内閣書記官長山川法制局長官等出席して會議を開き皇室典範第十二條並に登極令第二條に基き元號制定の件につき協議の結果改元の原案を決定し直ちに右の改元原案は上奏して樞密院に御諮詢の手續きをとつた尚右の閣議において大喪使官制制定の件並に大喪使職員任命の件その他諸般の重要問題に關して協議決定をなした

瞬間

前例になき
優渥な

大正天皇崩御を伝える新聞（『東京日日新聞』1926年12月25日号外）

昭和天皇の朝見式の絵（樺島勝一画）

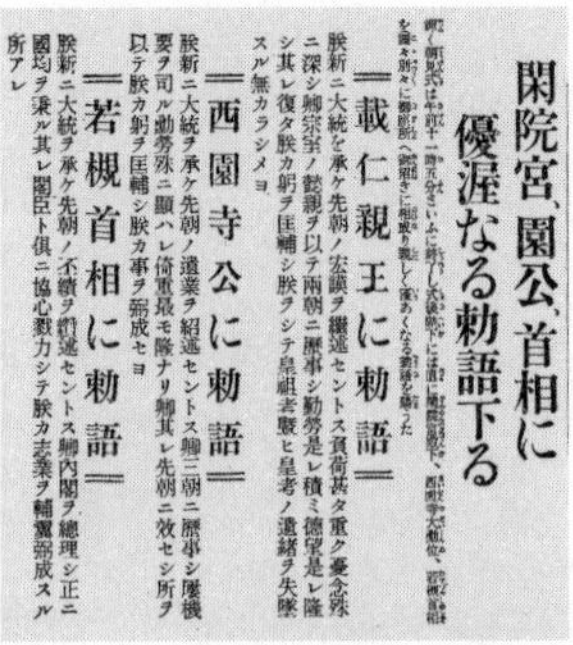
閑院宮、園公、首相に
優渥なる勅語下る

＝載仁親王に勅語＝
朕新ニ大統を承ケ先朝ノ宏謨ヲ継述セントス責荷甚タ重ク憂念殊ニ深シ卿宗室ノ懿親ヲ以テ両朝ニ歴事シ勤労是レ積ミ徳望是レ隆シ其レ復タ朕カ躬ヲ匡輔シ朕ヲシテ皇祖考及ヒ皇考ノ遺緒ヲ失墜スル無カラシメヨ

＝西園寺公に勅語＝
朕新ニ大統ヲ承ケ先朝ノ遺業ヲ紹述セントス卿三朝ニ歴事シ屢機要ヲ司ル勤労殊ニ顕ハレ倚重最モ隆ナリ卿其レ先朝ニ效セシ所ヲ以テ朕カ躬ヲ匡輔シ朕カ事ヲ弼成セヨ

＝若槻首相に勅語＝
朕新ニ大統ヲ承ケ先朝ノ丕績ヲ紹述セントス卿内閣ヲ総理シ正ニ国均ヲ秉ル其レ閣臣ト倶ニ協心戮力シテ朕カ志業ヲ輔翼弼成スル所アレ

昭和天皇の勅語（『東京朝日新聞』一九二六年十二月二十九日）

た牧野が、大正天皇が亡くなった場合の覚悟を摂政にうながし、天皇位に即く心の準備を求めた際に、あわせて重要文案のことにつき申し上げたとあり、このことから元老への勅語付与は、牧野内大臣が摂政に助言したと考えられる。また、十二月二十四日大正天皇の死の直前に葉山御用邸で催された元老西園寺、内大臣牧野、総理大臣若槻、宮内大臣一木の四者会議でも、このことが話されたものと推測される。今まで述べてきた経緯からすれば、昭和天皇の即位に際して元老として勅語をあたえられたのが西園寺一人にとどまったのは、当然のなりゆきだったといえるだろう。

西園寺が「最後の元老」となったのは、昭和天皇が即位の際に彼一人のみを元老に指名したからだが、それは結局、西園寺自身が元老の再生産を希望せず、自分が健在のあいだは「一人元老制」でいく決心をし、内大臣牧野がそれに同意したためであった。その意味では、西園寺自身が「最後の元老」たることを望んだのだといえよう。

西園寺がそう考えたのは、あとで詳しく検討するように、一つには政党内閣制の定着により元老の奏薦機能は年々形式化し、たとえ元老が消滅しても、内大臣がその機能を引き受けるならば、大きな問題は生じないと判断したためだと推測される。また、憲法上の正当性からしても、天皇の特別の信任に由来する特権的な元老よりも、皇室令によって職務を定められている内大臣が天皇補佐の機能を担うのが正道だとの認識に立っていたことも考慮されるべきであろう。しかしそれ以外にも、元老の後継者として西園寺の眼鏡にかない、かつ万人を納得させるほどの有力な候補者のいなかったことも理由としてあげられる。とくに下馬評《げばひょう》にあがっていた山本権兵衛や清浦奎吾の元老化、準元老化に西園寺が終始一貫して反対だったことが大きかった。

松方死後の西園寺＝平田合意で方向が定まり、一九二六（昭和元）年十月の西園寺の上奏をへて、その年末の昭和天皇の即位により確定した方針、すなわち西園寺健在のあいだは「一人元老制」と「元老・内大臣協議方式」をとり、その死後は元老を再生産することなく、内大臣が元老の奏薦機能を継承する（必要ならば「内大臣・重臣協議方式」を採用する）との決定は、「政党政治」の時代を通じて忠実に維持され続けた。その後の田中義一《たなかぎいち》▲・浜口雄幸《はまぐちおさち》▲・第二次若槻・犬養毅《いぬかいつよし》の各内閣では、いずれも、ほぼこの方式に従って後継首相奏薦の手続きがとられ

▼**田中義一**　一八六四～一九二九年。長州《ちょうしゅう》藩出身の陸軍軍人、政治家。陸軍大将。原・高橋内閣の陸相。政友会《せいゆうかい》総裁に転身し、一九二七（昭和二）年首相となる。男爵。

▼**浜口雄幸**　一八七〇～一九三一年。大蔵官僚、政治家。大蔵次官をへて、衆議院議員となり、蔵相、内相を歴任。民政党総裁として一九二九（昭和四）年組閣。一九三〇（昭和五）年右翼青年に狙撃され、翌年死去。

た。

それが破られるのは、五・一五事件後の斎藤内閣成立時である（一九三二〈昭和七〉年五月）。その時はじめて、昭和天皇の許しをえて、元老の参考に資するため、枢密院議長（倉富勇三郎《くらとみゆうざぶろう》▲）や総理大臣経験者（山本権兵衛・清浦奎吾・高橋是《たかはしこれ》清《きよ》・若槻礼次郎）、陸海軍長老（東郷平八郎・上原勇作《うえはらゆうさく》）の意見を聴取するとの形で、「御下問範囲拡張」が実現したのである。元老、内大臣以外の人物が選考協議に加わったのは、加藤友三郎《かとうともさぶろう》の奏薦以来約一〇年ぶりであった。西園寺にそうするよう勧めたのは牧野内大臣であり、貴族院副議長の近衛文麿《このえふみまろ》▲に託して、「今は非常の場合なので、後継首相の奉答にあたってはできるかぎり慎重な手続きをとっていただきたい。その手段として元帥や重臣などの意見もお聞きください」と、興津から上京する西園寺に伝えさせたのである。

斎藤内閣成立時にとられた新しい後継首相候補の選考方法は、翌一九三三（昭和八）年二月に牧野内大臣と元老西園寺の合意のもと、昭和天皇の承認を受けて正式に制度化される。これにより、第一次加藤高明内閣以来の「元老・内大臣協議方式」は「元老・内大臣・重臣協議方式」▲へと転換することになった。

▼**倉富勇三郎**　一八五三〜一九四八年。司法官僚、政治家。東京控訴院検事長をへて、朝鮮総督府《そうとくふ》司法部長官。宮内省に入り、帝室会計審査局長官。一九二六〜三四（昭和元〜九）年枢密院議長。男爵。

▼**近衛文麿**　一八九一〜一九四五年。貴族院議長をへて、一九三七（昭和十二）年に首相となり、日《にっ》中《ちゅう》戦争を指導する。一九四〇（昭和十五）年再度組閣し、日独伊三《さん》国同盟《ごくどうめい》を締結、日米交渉に失敗して総辞職。

▼**奏薦方式の転換**　一九三三（昭和八）年二月の決定によれば、重臣を協議に加えるかどうかの決定権は元老にあった。複数の重臣の協議参加は岡田内閣成立時にみられただけで、それ以降は一九四〇（昭和十五）年七月まではなかった。

事件直後の首相官邸の日本間玄関

未曾有の帝都大不穏事件

狙撃されて重傷の

犬養總理大臣遂に逝去

輸血も効なく昨夜十一時過

政界の巨星、兇彈に斃る

十五日午後五時半首相官邸で七名の一團に射撃され重傷を負うた犬養首相は輸血の效もなく午後十一時過ぎ全く危篤に陥り十一時二十六分遂に逝去した、

各閣僚の暇乞ひ

近親者一同の濕やかな通夜

犬養首相の臨終に際し官邸に詰めかけてゐた各閣僚は何れも首相の病室に入つて最後の暇

鈴木侍從長

天機を奉伺

五・一五事件を伝える新聞(『大阪朝日新聞』1932年５月16日)　1932(昭和７)年５月15日に，海軍青年将校や陸軍士官学校生徒や右翼活動家が実行したクーデター計画。首相官邸を襲い犬養毅首相を射殺した。

興津から上京する西園寺(1932年10月22日)

西園寺邸に集まる自動車の列(1932年５月20日)

広田弘毅《ひろたこうき》を奏薦したのち宮中から退出する西園寺（一九三六〈昭和十一〉年三月）

▼**山本達雄**　一八五六〜一九四七年。銀行家、政治家。日本銀行総裁をへて、第二次西園寺内閣の蔵相となる。以後、農商相、内相を歴任。政友会、政友本党《ほんとう》、民政《みんせい》党《とう》に属す。男爵。

さらに、一九三七（昭和十二）年四月には、西園寺が老齢を理由に、元老辞退を強く求めたことがきっかけとなり、再度後継首相奏薦方式に改定が加えられ、内大臣が元老にかわって天皇の下問（後継首相奏薦の下問）を受け、その奉答の主体となることにされた。元老と内大臣の主客が入れ替わったのである。ただし、元老が生存中は元老を協議に加えることが必須要件とされたので、この新方式は「内大臣・元老・重臣協議方式」と呼ぶことができる。西園寺が死亡し、元老が自然消滅するまでに、後継首相奏薦方式は「元老・内大臣協議方式」→「元老・内大臣・重臣協議方式」→「内大臣・元老・重臣協議方式」と変遷することになる。さらに、西園寺存命中の最後の政変となった一九四〇（昭和十五）年七月の第二次近衛内閣成立の際には、老齢を理由に西園寺は後継首相候補選考の協議に加わるのを辞退した。その死に先立って、西園寺は元老たることをみずから放棄したのである。これ以降、後継首相奏薦手続きは、元老抜きの「内大臣・重臣協議方式」へと移行する。

　それでは五・一五事件までの数年間は、後継首相奏薦方式に関してなんらの動きもなかったかといえば、そうではない。一九三〇（昭和五）年三月に西園寺

▼平沼騏一郎　一八六七〜一九五二年。司法官僚、政治家。検事総長、大審院《だいしんいん》長をへて司法大臣。枢密院議長から転じて、一九三九(昭和十四)年に首相となる。東京裁判でA級戦犯、終身刑。男爵。

山本達雄

平沼騏一郎

が風邪をこじらせて肺炎に罹り、一時はもはや絶望かと伝えられた時に、西園寺死後のことを心配した昭和天皇が、元老亡きあとは内大臣が後継首相を奏薦することになっているが、もしも内大臣が欠員の時には、一体誰に下問すればよいのかと西園寺に下問し、病状回復後に西園寺が、その場合には、宮内大臣が臨時に内大臣を兼任して内大臣の資格で天皇の御下問に答えるのがよいと奉答した。これは一九二六年十月上奏の増補といえる。

　また、同じく一九三〇年から三一(昭和六)年にかけて、牧野は枢密院改造を提起した。その内容は、現任の倉富議長を更迭し、山本権兵衛・清浦奎吾・高橋是清・山本達雄《やまもとたつお》▲など準元老級の人物を入れて、枢密院を強化するというものであった。牧野は、内大臣・宮内大臣に批判的であり、さらに政党内閣に敵対的な枢密院の現状を放置できないと感じ、倉富議長とそれを補佐する平沼騏一郎《ひらぬまきいちろう》▲副議長の更迭を考えたのであるが、山本を後任の枢密院議長にしておけば、西園寺死後に後継首相候補奏薦の主体となる内大臣の責任を枢密院議長に分担させることができるとの考えも、改造論にはこめられていた。しかし、西園寺が反対したために、この牧野の枢密院改造論も実現にはいたらなかった。

⑤——元老と政党政治

西園寺の「元老無用論」(吉野作造)

一九二四(大正十三)年七月の松方正義《まつかたまさよし》の死(厳密にはその前月の加藤高明《かとうたかあき》の後継首相奏薦《そうせん》)から五・一五事件で犬養毅《いぬかいつよし》内閣が倒れるまでは、「一人元老制《げんろう》」のもとで「元老・内大臣協議方式」がとられていた。日清《にっしん》戦争後に始まり西園寺の死によって幕を閉じる元老制度の歴史を振り返ってみると、このような時期はそれ以前にも、それ以後にも見出せない。

松方の死までは、明治・大正を通じて「複数元老制」が維持された。後継首相奏薦方式は、明治天皇が健在のあいだは主として「元老協議方式」がとられた。大正天皇の治世になって、元老の協議に内大臣《ない》も参加するようになる。しかし、桂《かつら》太郎《たろう》を除けば大山巌《おおやまいわお》・松方正義いずれも、元老が内大臣になったのであり、内大臣として協議に参加したのか、元老として参加したのか判別は不可能である。すなわち平田東助《ひらたとうすけ》が内大臣に就任するまでは、形式的には「元老・内大臣協議方式」だが、実質的にはそれ以前の「元老協議方式」の延長線上にあった。

▼吉野作造　一八七八〜一九三三年。政治学者。東京帝国大学教授。大正デモクラシーの理論的指導者の一人。民本主義を唱え、普通選挙、政党内閣制を主張した。

吉野作造

「元老・内大臣協議方式」がそうでなくなるのは、平田内大臣の時代からである。五・一五事件後から西園寺の死までは「一人元老制」が維持されるが、奏薦方式は「元老・内大臣・重臣協議方式」に変化し、さらに「内大臣・元老・重臣協議方式」へと移行する。つまり、「一人元老制」と「元老・内大臣協議方式」の組合せは右にあげた時期に固有の制度だったわけである。

いうまでもなく、この期間は「政党政治の時代」「政党内閣期」と呼ばれる時期とぴったり重なっている。いいかえれば、「政党政治の時代」は元老制度のあり方からいえば、「一人元老制」のもとで「元老・内大臣協議方式」がとられた時代だったことになる。この一致は単なる偶然の産物なのか、それとも両者のあいだにはなんらかの必然性があるのか、そのいずれなのだろうか。この問題を考える手がかりになるのが、大正デモクラシーの理論家であった吉野作造《よしのさくぞう》▲の議論である。

吉野は、西園寺が自分の後継者に山本権兵衛《やまもとごんべえ》や清浦奎吾《きようらけいご》を推挙することもせず、さりとて元老にかわるべき天皇の最高諮問《しもん》機関（内大臣、枢密院《すうみついん》議長、宮内《くない》大臣、貴衆両院議長からなる）の設置にも乗り気でないのは、西園寺が「政党内閣主義」の立場に立っているからだと主張し、おおよそ次のような議論を展開した。

政党内閣主義が慣行として定着すれば、政変の際には現在の首相が再度総理大臣に任命されるか、そうでなければ野党第一党の総裁が次期首相に奏薦されるか、いずれにせよ、候補者は有力政党の党首に限定されることになる。そうなれば、現在元老が受けもっている後継首相奏薦機能は、おのずから形式的なものにならざるをえない。だとすれば、その役割を果たすのに、卓越した政治的指南力や政治的閲歴、名声などが要求されることもない。内大臣一人にまかせておいて十分であろう。元老による後継首相奏薦は、これを歴史的に回顧すれば、超然《ちょうぜん》内閣▲擁護のための制度として発足したのだから、政党内閣主義へ移行すれば、その歴史的使命は果たし終えたとみるべきである。元老たる西園寺が元老制度をいまや自然消滅にまかせようとしているのは、彼が政党内閣主義をもって歴史の大勢とみなし、日本においても慣行として定着するにちがいないし、また定着させなければならないとの展望を有しているからに相違ない。つまり、西園寺の「元老無用論」は彼の「政党内閣主義」を裏書するものである、

▼**超然内閣**　政党の意思に拘束されることなく政治を行った藩閥《はんばつ》内閣、官僚内閣をさす。明治憲法発布時の黒田清隆《くろだきよたか》首相が唱えた超然主義に由来する。政党内閣の反対概念。

と。

少なくとも五・一五事件までの西園寺は元老をやめるつもりは少しもなかったから、正しくは「元老自然消滅論」(=「元老再生産否定論」)というべきであろう。しかし、「一人元老制」および「元老・内大臣協議方式」と「政党内閣制」のあいだに必然的な関係があると、吉野の議論は明快に指摘している。

政党内閣制が定着すれば、政権交代のルールが確立し、元老の後継首相奏薦機能はまったく形式的なものとなるから、それを見越して、またそうなることを期待しつつ西園寺は元老を自然消滅にまかせ、内大臣にその機能を移行させる方向を定めたのである、そう考えるのがもっとも理にかなっているように思われる。少なくとも、西園寺が元老再生産の道を選択しなかった前提には、政党内閣制が定着し、「憲政《けんせい》の常道《じょうどう》」▲論が政権交代のルールとして確立されるであろうとの将来的な見通しがあったことは疑いをいれない。

ところで、吉野の議論によれば、政党内閣主義は必然的に元老無用論に帰着するから、元老無用論に立つ西園寺も、当然、政党内閣主義にほかならぬという結論になる。しかし、吉野が知ることのできなかった、西園寺が側近の人物

▼**憲政の常道**　衆議院に多数を占める政党が政権を担当し、内閣が総辞職した場合には第二党が政権に就くのが立憲主義のルールだとする主張。一九二四〜三二(大正十三〜昭和七)年の政党内閣制を支えた。

に語っていた言葉、たとえば、「政党員や新聞記者などには絶対極秘にしておかねばならないが、政変の場合はその時の事情によっては中間内閣（非政党内閣）でもよい」とか、「自分は表面では二大政党論を他者に語ったり、政党の党首でなければ首相に任命されるのはむずかしいようにいっているが、内心ではその時の状況によっては中間内閣もやむをえない場合もあると考えている」などを知る後世の歴史家は、西園寺が世界の大勢として政党内閣制を望ましいとみていたのは確かだとしても、「まぎれもない政党内閣論者であることは明白である」とまで断言する吉野の評価に対しては懐疑的であった。

たしかに、西園寺は「中間内閣」の選択をみずから禁じるつもりはなかったという点で、一〇〇％純粋な政党内閣主義ではないかもしれない。しかし、政党政治期に「一人元老制」と「元老・内大臣協議方式」にあれほど固執し続けた西園寺の姿勢を見ると、吉野が指摘したように、政党内閣制の定着とともに後継首相奏薦機能そのものが形式化していくのは不可避であると、そう西園寺が認識していたと考えて、まずまちがいない。政治学者の升味《ますみ》準《じゅん》之輔《のすけ》が指摘したように、元老西園寺なる「人格化されたルール」の存在があってはじめて「政権互譲のルール」が守られ、まがりなりにも「憲政の常道」にのっとる政党政治が定着しえたのだとすれば、元老西園寺は政党政治の守護者であり、政党政治にマッチした元老にほかならぬということになろう。吉野がいいたかったのも、そういうことであろう。そしてそれを可能にしたものこそ、すなわち誰にも邪魔されずに、「人格化されたルール」を適用するのを保障した制度が「一人元老制」と「元老・内大臣協議方式」なのである。その意味において、政党政治期は「一人元老制」と「元老・内大臣協議方式」の時代と規定できるであろう。

「情意投合」路線から政党内閣主義へ

ただし、西園寺の「御下問範囲拡張《ごかもん》」への反対は、いわゆる政党政治期に限られるものではなくて、少なくとも一九二二(大正十一)年の山県有朋《やまがたありとも》の死の時までさかのぼることができる。また、護憲三派《ごけんさんぱ》内閣成立時の加藤高明奏薦より前の西園寺が中間内閣論に立っていたことはまぎれもない事実であり、この時期の西園寺の政治路線が「情意投合《じょういとうごう》」路線に立脚するもので、加藤高明奏薦も、その時点においては西園寺にとってははなはだ「不本意」な選択であったことが明らかになっている。つまり、護憲三派内閣成立後の西園寺の「御下問範囲拡張」反対論(「一人元老制」+「元老・内大臣協議方式」論)が「憲政常道論」と表裏一体であるとしても、それ以前の時期においては両者の関係は薄かったといわざるをえない。少なくとも加藤友三郎《かとうともさぶろう》から護憲三派の加藤高明を奏薦する決意をするにいたるまでの西園寺の「御下問範囲拡張」反対は、「情意投合」路線と結合していたのであって、吉野作造が指摘したような政党内閣主義と表裏一体のものではなかった。

西園寺の「御下問範囲拡張」反対の論理は、前後二つの時期に分けて理解すべきであろう。護憲三派の加藤高明奏薦以降については、すでに右に述べたとおりである。それより前の時期、すなわち西園寺がまだ「情意投合」路線に依拠して、つぎつぎと中間内閣を奏薦していた時期にあっては、それとは別の論理に由来していた。すでに指摘しておいたように、消極的には元老の後継者として西園寺の眼鏡にかなない、かつ万人を納得させるにたる候補者のいなかったことがその理由であり、積極的理由としては、下馬評《げばひょう》にあがっていた山本権兵衛や清浦奎吾の元老化、準元老化に西園寺が終始一貫して反対だったことがあげられる。

山本や清浦の準元老化に西園寺が反対したのは、彼らの政治的力量、識見、人格に信頼をよせていなかったからであり（とくに山本は西園寺があたえたチャンスを生かすことができなかった）、薩摩《さつま》系の宮中《きゅうちゅう》での勢力が圧倒的になるのをきらったこと、山本はシーメンス事件、清浦は下野銀行《しもつけぎんこう》事件▲など金銭がらみのスキャンダルがあったこと、また短期的には清浦が憲政会《けんせいかい》寄りであったこと、などがさらに理由としてあげられる。これらの理由は「憲政常道論」と結びつくものではなく、むしろそれに反するとさえいえよう。だから、必ずしも西園寺の「御下問範囲拡張」反対論イコール「憲政常道論」ではないのである。

「首相指名方式」の否定が意味するもの

最後に、「一人元老制」と「元老・内大臣協議方式」が、後継首相奏薦方式としては、「首相指名方式」の否定にほかならないとの側面についてふれておきたい。

当り前のことだが、西園寺が「元老・内大臣協議方式」に固執したという事実は、直接的には牧野らの元老再生産論あるいは「元老・内大臣・重臣協議方式」

▼**下野銀行事件**　実業家の八尾《やお》新太郎《しんたろう》が下野銀行から巨額の融資を受けた際に、下野銀行支店長らが斡旋の謝礼を受け取ったとして告発された事件。清浦奎吾の三男豊秋《とよあき》もこれに関与した。

に対抗し、それを否定し続けたということにほかならないが、見方を変えれば、イギリス式の「首相指名方式」をも否定し続けたということでもある。西園寺が元老としてバックアップした政党内閣制の慣行は、たしかにイギリスの二大政党による政権相互担当制度とほぼ同等のものとみなしてよい。その意味では、日本でもイギリス型の議会主義的立憲君主制の可能なことが示されたと評価できよう。しかしながら、その「憲政の常道」は「元老・内大臣協議方式」によって支えられていたのである。

元老西園寺は、イギリス流の二大政党制による政党内閣制は輸入したが、同じイギリス式の「首相指名方式」は日本に定着不可能とみて輸入しなかった。そのことは、一九二六(昭和元)年十月上奏《じょうそう》およびそれを増補した三〇(同五)年十二月の上奏で、彼が元老消滅後は内大臣(内大臣がいない場合は宮内大臣)が後継首相を奏薦すべしとしたことから明らかであろう。イギリス式の二大政党制が、イギリス式の「首相指名方式」の否定にほかならない「元老・内大臣協議方式」なる後継首相選定方式によって支えられていたのである。もちろん、「憲政の常道」が憲法的慣行として確固たるものとなっていれば、後継首相の奏薦は、まったく機械的な作業となるから、やめていく首相が指名しようが、元老・内大臣が指名しようが、結果は同じであり、両者にたいした差異はない、あったとしても、その差は「紙一重」にすぎないといえるかもしれない。しかし、この「紙一重」の差が大きい。

西園寺が「首相指名方式」をきらったのは、天皇が立憲君主制のもとで大権《たいけん》君主として内閣および議会からの自立性を確保し維持するためには、後継首相の選定権を自己の手中に留保しておくことが、是非とも必要だと考えていたからである。政党内閣制のもとで、後継首相の選定までをも「首相指名方式」にしてしまえば、天皇とは独立した存在である議会―政党―有権者の系列に実質的に総理大臣の指名権が移行してしまい、天皇はただ「虚器《きょき》を擁する」だけになってしまう。それを恐れたのである。

「元老・内大臣協議方式」でも指名権の実質は、天皇ではなくて元老、内大臣の手にあるのだから、同じことではないかとの反論が予想されるが、しかし、元老や内大臣は天皇が選んだ、天皇のもっとも信頼をよせる重臣である。君主が自分の信頼する臣下の助言に従うのは、ある意味で当然のことであって、それは決して「虚器を擁する」ことにはならない。しかし、有権者の投票によってその地位が左右される政党政治家は、たとえそれが君主によって任命された総理大臣であっても、他方において君主の信任とは別の権威に由来する正当性に立脚してもいるわけだから、元老や内大臣とは同列に扱えない。この「紙一重」の差があるがゆえに、天皇がその国務にかかわる大権行使の大半を、議会に基盤をおき、選挙の洗礼を受ける内閣総理大臣の手に実質的に委任したとしても、それでもなおかつ大権君主である実質を手放さないですむのである。

しかし、これを逆にいえば、天皇の大権君主性を、ぎりぎり「紙一重」の形式にまで縮小することによって、明治憲法を変更することなくして、日本においてもイギリス型の議会主義的立憲君主制を確立させようとしたのが、西園寺であり、「一人元老制」と「元老・内大臣協議方式」はそのために必要な手立てであったと、肯定的に評価することもできる。その意味で、西園寺流の「一人元老制」と「元老・内大臣協議方式」に、美濃部《みのべ》達吉《たつきち》の天皇機関説《てんのうきかんせつ》や吉野作造の民本《みんぽん》主義と同等の位置付けをあたえることもできよう。

ただし、この「紙一重」の差があるかぎり、表面上はいかに類似した政党内閣制の慣行が成立していたとしても、明治憲法下の「政党政治」はイギリス型の議院内閣制とはあくまでも異なるものである。

また、明治憲法を厳密に条文解釈すれば、「首相指名方式」は少しも違憲ではなく、見方によれば、「元老・内大臣協議方式」よりはるかに憲法に忠実な方式であるともいえるのだが、西園寺はそう考えなかった。このことは、憲法の条文とは別に、「首相指名方式」は天皇の大権をおかすものであるとの解釈がきわめて強い一般的な支持を受けていたことを意味している。おそらく西園寺自身もそう考えたからこそ、政党内閣制の慣行を成立させるためにも、「一人元老制」と「元老・内大臣協議方式」が不可欠であり、それに固執すべきだと考えたとみてよいだろう。

この一般的な支持を受けていた解釈を憲法論の文脈において言い直せば、次のようになるだろう。「天皇は憲法に定める輔弼者《ほひつしゃ》である国務大臣の輔弼を受けるべきであるが、憲法に定められたもの以外にも天皇大権の輔弼者は存在しうるし、存在すべきである。もちろん、その国務大臣以外の輔弼者の権限は限られたものであるべきだが、しかし、それがなくなることはありえないし、なくしてはならない」と。日本の政党内閣制の慣行は、このような憲法解釈のうえに成立し、またそれゆえにこそ成立可能であった。そうである限りにおいて、やはり日本の政党政治は、イギリス流の議会政治とは、異なる原理に立脚するものといわざるをえないのである。

写真所蔵・提供者一覧(敬称略，五十音順)

朝日新聞社　　p. 3下左・下右，31，34，36，65，75下，79下左

外務省外交史料館　　p. 67

国立公文書館　　p. 4

国立国会図書館　　カバー裏，扉，p. 5，11，16，17，18，19，21，23，26，28，29，30，35，59，63，64，80，81，83

聖徳記念絵画館　　p. 3上

博物館明治村　　p. 66

毎日新聞社　　p. 79上左・下右

ユニフォトプレス　　カバー表

『華族画報』(華族画報社)　　p. 27

参考文献

伊藤隆『昭和初期政治史研究』東京大学出版会, 1969年
伊藤隆・広瀬順晧編『牧野伸顕日記』中央公論社, 1990年
伊藤之雄『元老西園寺公望　古希からの挑戦』文春新書, 2007年
伊藤之雄『元老――近代日本の真の指導者たち』中公新書, 2016年
伊藤之雄『昭和天皇と立憲君主制の崩壊――睦仁・嘉仁から裕仁へ』名古屋大学出版会, 2005年
岩井忠熊『西園寺公望　最後の元老』岩波新書, 2003年
岡義武・林茂校訂『大正デモクラシー期の政治　松本剛吉政治日誌』岩波書店, 1959年
岡義武『近代日本の政治家――その運命と性格』岩波現代文庫, 2001年(原著は1960年)
木戸日記研究会編『木戸幸一関係文書』東京大学出版会, 1966年
木戸日記研究会編『木戸幸一日記』上・下巻, 東京大学出版会, 1966年
木村毅編(小泉策太郎筆記)『西園寺公望自伝』大日本雄弁会講談社, 1949年
宮内庁編『昭和天皇実録』第3～8, 東京書籍, 2015～16年
小山俊樹『憲政常道と政党政治――近代日本二大政党制の構想と挫折』思文閣出版, 2012年
西園寺公望著, 国木田独歩編『陶庵随筆』中公文庫, 1990年(原著は1903年)
尚友倶楽部編『岡部長景日記――昭和初期華族官僚の記録』柏書房, 1993年
高橋紘・粟屋憲太郎・小田部雄次編『昭和初期の天皇と宮中――侍従次長河井弥八日記』全6巻, 岩波書店, 1993～94年
茶谷誠一『昭和戦前期の宮中勢力と政治』吉川弘文館, 2009年
茶谷誠一『牧野伸顕』吉川弘文館, 2013年
永井和『青年君主昭和天皇と元老西園寺』京都大学学術出版会, 2003年
波多野澄雄・黒沢文貴編『侍従武官長奈良武次　日記・回顧録』全4巻, 柏書房, 2000年
原奎一郎編『原敬日記』全6巻, 福村出版, 1981年
原田熊雄述『西園寺公と政局』全8巻, 別巻1, 岩波書店, 1950～56年
原田熊雄編『陶庵公清話』岩波書店, 1984年(原著は1943年)
坂野潤治『近代日本の国家構想――1871-1936』岩波現代文庫, 2009年(原著は1996年)
増田知子『天皇制と国家――近代日本の立憲君主制』青木書店, 1999年
升味準之輔『日本政党史論』第5巻, 東京大学出版会, 1979年
村井良太『政党内閣制の成立　一九一八～二七年』有斐閣, 2005年
村井良太『政党内閣制の展開と崩壊　一九二七~三六年』有斐閣, 2014年
安田浩『近代天皇制国家の歴史的位置――普遍性と特殊性を読みとく視座』大月書店, 2011年
吉野作造『吉野作造選集』第3巻, 岩波書店, 1995年
立命館大学西園寺公望伝編纂委員会編『西園寺公望伝』全4巻, 別巻2, 岩波書店, 1990～97年

1929	4	81	***12-1*** 翌年4月にかけて大患にかかる
1930	5	82	***12-*** 元老消滅後の後継首相候補奏薦方式につき1926年10月の上奏の増補を上奏する
1932	7	84	***5-15*** 五・一五事件。***5-19*** 重臣の意見を求めたうえで，暗殺された犬養毅首相の後任に斎藤実前朝鮮総督を奏薦
1933	8	85	***2-28*** 牧野伸顕内大臣と元老西園寺が合意した新しい後継首相候補奏薦方式を昭和天皇が承認
1934	9	86	***7-*** 新方式により元老・内大臣・重臣が協議して岡田啓介元海相を後継首相候補に奏薦
1936	11	88	***2-26*** 二・二六事件の報をうけて，興津から避難する。翌日興津に戻る。***3-2*** 一木喜徳郎枢密院議長，湯浅倉平宮内大臣と協議して，広田弘毅前外相を後継首相候補に奏薦
1937	12	89	***2-2*** 西園寺が奏薦した宇垣一成元朝鮮総督の組閣が陸軍の反対により失敗したのをみて，元老の拝辞を申し出る。***4-*** 湯浅内大臣が後継首相候補奏薦の新しい方式を昭和天皇に上奏
1939	14	91	***1-4*** 近衛文麿内閣の後継に平沼騏一郎枢密院議長を奏薦することに同意せず。***8-30*** 阿部信行内閣には不同意
1940	15	92	***1-16*** 米内光政内閣には同意。***7-22*** 第2次近衛内閣の成立にあたり，後継首相候補奏薦の奉答を謝絶する。***11-24*** 逝去。***12-5*** 国葬

西園寺公望とその時代

西暦	年号	齢	おもな事項
1849	嘉永 2	1	*10-22* 右大臣徳大寺公純の次男として京都に誕生。母は末広斐子
1851	嘉永 4	3	この年，西園寺師季の養子となる
1868	明治元	20	*1-4* 山陰道鎮撫総督となる。閏*4-23* 北国鎮撫使。*6-14* 会津征討越後口参謀。*10-28* 新潟府知事
1870	3	22	*12-2* フランス留学のため日本を出発。1880年に帰国
1881	14	33	*3-18*『東洋自由新聞』創刊，社長となる。*4-7* 東洋自由新聞の退社を命ぜられる。*12-24* 参事院議官補となる
1882	15	34	*3-14* 伊藤博文の憲法調査に随行して欧州に赴く
1884	17	36	*7-7* 侯爵を授爵
1885	16	37	*2-1* オーストリア駐在特命全権公使となる
1887	20	39	*6-4* ドイツ駐在特命全権公使となる
1893	26	45	*1-13* 貴族院副議長となる
1894	27	46	*5-10* 枢密顧問官兼賞勲局総裁となる。*10-3* 文部大臣となる(第 2 次伊藤内閣)
1898	31	50	*1-12* 文部大臣となる(第 3 次伊藤内閣)
1900	33	52	*9-5* 立憲政友会に参加。*10-27* 枢密院議長となり，とくに内閣に列せられる。内閣総理大臣臨時代理となる
1903	36	55	*7-14* 枢密院議長を辞職し，立憲政友会総裁となる
1906	39	58	*1-7* 内閣総理大臣となる(第 1 次西園寺内閣)
1908	41	60	*7-4* 内閣総理大臣を辞職
1911	44	63	*8-30* 内閣総理大臣となる(第 2 次西園寺内閣)
1912	大正元	64	*12-11* 朝鮮二個師団増設問題をめぐる閣内不一致で内閣総辞職。大正天皇より「匡輔」の勅語をあたえられる
1913	2	65	*2-9* 第一次護憲運動に際して，衆議院の紛糾解決を求める勅語をあたえられる
1914	3	66	*6-18* 立憲政友会総裁を辞職
1918	7	70	*12-27* 帝室経済顧問となる
1919	8	71	*1-13* パリ講和会議全権委員となる。*6-28* ベルサイユ宮殿で講和条約に調印
1920	9	72	*9-7* 公爵の爵位を授けられる
1922	11	74	*2-1* 山県有朋死去
1923	12	75	この年から，冬は興津坐漁荘，春秋は京都清風荘，夏は御殿場に暮す
1924	13	76	*7-2* 松方正義死去。この年の後半から翌年にかけて，平田東助内大臣および元老西園寺が後継首相候補奏薦方式について摂政に奏上したと考えられる
1926	昭和元	78	*10-* 元老消滅後の後継首相候補奏薦方式につき摂政に奏上。*12-28* 即位した昭和天皇より「匡輔弼成」の勅語をあたえられる

永井 和(ながい かず)
1951年生まれ
京都大学大学院文学研究科中退
専攻，日本近現代史
現在，京都橘大学文学部教授
主要著書
立命館大学西園寺公望伝編纂委員会編『西園寺公望伝』第４巻
（共著，岩波書店1996）
『近代日本の軍部と政治』(思文閣出版1993・増補版2002)
『青年君主昭和天皇と元老西園寺』(京都大学学術出版会2003)
『日中戦争から世界戦争へ』(思文閣出版2007)
倉富勇三郎日記研究会編『倉富勇三郎日記』第１～３巻
（共著，国書刊行会2010・2012・2015)

日本史リブレット人 090
西園寺公望《さいおんじきんもち》
政党政治の元老
2018年３月５日　１版１刷　印刷
2018年３月15日　１版１刷　発行
著者：永井《ながい》 和《かず》
発行者：野澤伸平
発行所：株式会社 山川出版社
〒101－0047　東京都千代田区内神田１－13－13
電話 03(3293)8131(営業)
03(3293)8135(編集)
https://www.yamakawa.co.jp/
振替 00120-9-43993
印刷所：明和印刷株式会社
製本所：株式会社 ブロケード
装幀：菊地信義

Printed in Japan ISBN 978-4-634-54890-9

日本史リブレット 人

1 卑弥呼と台与——仁藤敦史
2 倭の五王——森 公章
3 蘇我大臣家——佐藤長門
4 聖徳太子——大平 聡
5 天智天皇——須原祥二
6 天武天皇と持統天皇——義江明子
7 聖武天皇——寺崎保広
8 行基——鈴木景二
9 藤原不比等——坂上康俊
10 大伴家持——鐘江宏之
11 桓武天皇——西本昌弘
12 空海——曾根正人
13 円珍と円仁——平野卓治
14 菅原道真——大隅清陽
15 藤原良房——今 正秀
16 宇多天皇と醍醐天皇——川尻秋生
17 平将門と藤原純友——下向井龍彦
18 源信と空也——新川登亀男
19 藤原道長——大津 透
20 清少納言と紫式部——丸山裕美子
21 後三条天皇——美川 圭
22 源義家——野口 実
23 奥州藤原三代——斉藤利男
24 後白河上皇——遠藤基郎
25 平清盛——上杉和彦
26 源頼朝——高橋典幸
27 重源と栄西——久野修義
28 法然——平 雅行
29 北条時政と北条政子——関 幸彦
30 藤原定家——五味文彦
31 後鳥羽上皇——杉橋隆夫
32 北条泰時——三田武繁
33 日蓮と一遍——佐々木馨
34 北条時宗と安達泰盛——福島金治
35 北条高時と金沢貞顕——永井 晋
36 足利尊氏と足利直義——山家浩樹
37 後醍醐天皇——本郷和人
38 北畠親房と今川了俊——近藤成一
39 足利義満——伊藤喜良
40 足利義政と日野富子——田端泰子
41 蓮如——神田千里
42 北条早雲——池上裕子
43 武田信玄と毛利元就——鴨川達夫
44 フランシスコ＝ザビエル——浅見雅一
45 織田信長——藤田達生
46 徳川家康——藤井讓治
47 後水尾天皇と東福門院——山口和夫
48 徳川光圀——鈴木暎一
49 徳川綱吉——福田千鶴
50 渋川春海——林 淳
51 徳川吉宗——大石 学
52 田沼意次——深谷克己
53 遠山景元——藤田 覚
54 酒井抱一——玉蟲敏子
55 葛飾北斎——小林 忠
56 塙保己一——高埜利彦
57 伊能忠敬——星埜由尚
58 近藤重蔵と近藤富蔵——谷本晃久
59 二宮尊徳——舟橋明宏
60 平田篤胤と佐藤信淵——小野 将
61 大原幽学と飯岡助五郎——高橋 敏
62 ケンペルとシーボルト——松井洋子
63 小林一茶——青木美智男
64 鶴屋南北——諏訪春雄
65 中山みき——小澤 浩
66 勝小吉と勝海舟——大口勇次郎
67 坂本龍馬——井上 勲
68 土方歳三と榎本武揚——宮地正人
69 徳川慶喜——松尾正人
70 木戸孝允——一坂太郎
71 西郷隆盛——福地 惇
72 大久保利通——佐々木克
73 明治天皇と昭憲皇太后——佐々木隆
74 岩倉具視——坂本一登
75 後藤象二郎——鳥海 靖
76 福澤諭吉と大隈重信——池田勇太
77 伊藤博文と山県有朋——西川 誠
78 井上馨——神山恒雄
79 河野広中と田中正造——（交渉中）
80 尚泰——我部政男
81 森有礼と内村鑑三——狐塚裕子
82 重野安繹と久米邦武——松沢裕作
83 徳富蘇峰——中野目徹
84 岡倉天心と大川周明——塩出浩之
85 渋沢栄一——井上 潤
86 三野村利左衛門と益田孝——森田貴子
87 ボアソナード——小宮一夫
88 島地黙雷——山口輝臣
89 児玉源太郎——大澤博明
90 西園寺公望——永井 和
91 桂太郎と森鷗外——荒木康彦
92 高峰譲吉と豊田佐吉——鈴木 淳
93 平塚らいてう——差波亜紀子
94 原敬——季武嘉也
95 美濃部達吉と吉野作造——古川江里子
96 斎藤実——小林和幸
97 田中義一——加藤陽子
98 松岡洋右——田浦雅徳
99 溥儀——塚瀬 進
100 東条英機——古川隆久

〈白ヌキ数字は既刊〉